# BARGAIN-HUNTING

# 抄底中国

和讯网 著

编委会名单

荣跃 李明瑜 曹圣明

赵洋 康耕甫 白金坤

苏东 陈冉 安娜 张国龙

人民东方出版传媒

東方出版社

**图书在版编目（CIP）数据**

抄底中国 / 和讯网 著. —北京：东方出版社，2013.6
ISBN 978-7-5060-6454-5

Ⅰ.①抄… Ⅱ.①和… Ⅲ.①股票市场—研究—中国 Ⅳ.①F832.51

中国版本图书馆 CIP 数据核字（2013）第 134497 号

**抄底中国**
（CHAODI ZHONGGUO）

**作　　者**：和讯网
**责任编辑**：姬　利　张爱华
**出　　版**：东方出版社
**发　　行**：人民东方出版传媒有限公司
**地　　址**：北京市东城区朝阳门内大街 166 号
**邮政编码**：100706
**印　　刷**：北京京都六环印刷厂
**版　　次**：2013 年 8 月第 1 版
**印　　次**：2013 年 8 月第 1 次印刷
**印　　数**：1—8000 册
**开　　本**：710 毫米 × 1000 毫米　1/16
**印　　张**：13.75
**字　　数**：171 千字
**书　　号**：ISBN 978-7-5060-6454-5
**定　　价**：36.00 元
**发行电话**：（010）65210056　65210060　65210062　65210063

# 序　以反主流思维抄底

和讯网总编辑　王　炜

题记：以反主流思维抄2013年A股大底，规避2013年A股最大风险，抓住2013年A股最大机会

2013年注定将成为改变无数人财富命运的一年。

2013年随着中国新领导换届完成，未来十年中国的发展蓝图日渐清晰，与此同时，随着美国经济复苏的明朗及美国两党减赤谈判的收官，美联储有关QE退出的时间表渐行渐近，而意大利新政府的难产，塞浦路斯开征存款税的影响，事关欧债危机是否失控，这些足以牵动全球投资者的神经，甚至足以引发国际金融市场一轮轮大震荡大转折。4月，国际黄金崩盘，两日下跌200美元，创三十年最大日跌幅，令众多保证金交易多头爆仓。因此，2013年注定将成为改变无数人财富命运的一年。

更何况，2013年是中国农历蛇年，统计显示，1917年“十月革命”以来，每一个蛇年都会发生足以改变世界及金融市场格局的“黑天鹅事件”，2013年，作为玛雅人预言人类毁灭却有惊无险的2012年

的下一年，是否会有毁灭性“黑天鹅事件”降临？值得关注。2013年注定将成为极不寻常载入史册的一年。

2013年的A股很精彩，2013年的A股很无奈。2013年是中国经济转折点。从新型城镇化、美丽中国、金融创新、准备打仗，到新股发行改革、养老金入市、QFII、RQFII大扩容以及十八届三中全会都可能带来一系列投资机遇。但是，2013年调控或比2012年还紧。2013年1月信贷1万亿创三年新高后，中国央行春节后第一周回笼9100亿资金相当于提准1%。尽管2013年1月份全国金融机构新增外汇占款6836.59亿元，为有记录以来最高；尽管美元兑人民币突破6.21关口，3月底再创十九年新高，但进入中国的热钱不敢轻举妄动。房地产调控新“国五条”，与银监会8号文整顿理财产品，直接引发地产股、银行股集体跌停，尤其是，2013年一季度7.7%的GDP及官方对此表达的极大容忍度，使GDP击穿7.4%再创2010年以来新低的可能性大增。值得注意的是，股市政策也有多翻空迹象。1月底QFII期指开禁，可以全现货套保（国内机构只能对现货25%套保），做空有恃无恐，同时融资融券标的股从300只扩至500只，再加上2月底转融券出台，A股步入全面做空时代。在全球货币战争全面打响之际，中国会有牛市吗？

2006年以来，A股走势年年都超预期。2006年、2007年、2009年的超预期上涨，2008年、2010年、2011年、2012年的超预期下跌，都是超预期政策或事件所致。可以预言，2013年，超预期政策或事件，将导致A股超预期上涨与超预期下跌的轮回。因此，规避2013年A股最大风险，抓住2013年A股最大机会，是本书的宗旨。

**抄底的无奈**

如果你爱他，让他去股市，那里是天堂！如果你恨他，让他去股市，那里是地狱！

这是职业操盘手花荣在其个人博客上留下的最醒目的警句。

从某种意义上说，这句话是对A股二十多年历史的高度浓缩，也是对A股投资者命运的形象概括。

A股牛短熊长，几十年如一日，在牛市天堂与熊市地狱间轮回，投资者则在无休止的抄底逃顶中轮回，恐怕绝无仅有。A股迄今的22根年线有10根阴线。如今2000点出头的上证指数早已跌回到十年前，2008年10个月最大跌幅70%，2012年持续下跌7个月。尽管抄底风险如此之大，但抄底者依然前赴后继。

A股投资者最大的无奈，不知何时何处见底。抄底抄到地板价的凤毛麟角，大多抄到地窖中，极少数甚至抄到18层地狱。即使抄底抄到地狱里，也要抄底。

金融市场从来都是少数人赚钱。一赚两平七亏则是A股铁律。最典型的是，公募基金仓位的88魔咒，以及年底的券商策略报告，一直是市场的反向指标。

2012年最具争议的莫过于李大霄的2132钻石底，2012年1月形成的2132钻石底，在下半年被空方一举击穿，直到12月4日跌到1949点终于见底。于是，1949又成了钻石尖尖。不知钻石尖尖，2013年能否真的坚如钻石。

如果说，作为卖方，李大霄高举抄底大旗，以使券商交易活跃赚佣金，是一种抄底的无奈，那么，作为买方，公募为满足持仓底线抄底、为争业绩排名抄底，同样是一种抄底的无奈。

2008年曾有风靡一时抄底顺口溜——本以为股市跌到地板，可没想到地板下还有地窖，地窖下还有地狱，地狱还有18层。地板、地窖、地狱，堪称A股抄底三大境界。

所谓抄底抄到地板，为第一境界，指抄到熊市之大底的少数抄底成功者。所谓抄底抄到地窖，为第二境界，指抄底过早抄到被套牢，尽管抄底失败受挫，但由于套得不深，还有等到解套获利希望，也有止损割肉从头再来之可能，这是大多数人抄底的命运。所谓抄底抄到地狱，为第三境界，指抄底完败，资金损失惨重甚至全军覆没，或无法忍受长期熊市折磨，被迫退出股市，比如2012年夏被强制清盘的私募。用花荣的解读就是“抄底太早成为先烈，牺牲在熊市漫漫长夜中，牺牲在牛市的黎明前”。

A股最大的问题是，中国台湾、日本的超级熊市已长达二十多年，A股2007年6124以来长达五年跌幅近七成的熊市还将横行多少年？

**抄底的必然**

抄底是趋势投资的第一信条，基于趋势投资的顺势而为。抄底只是一种假设，并非一定能保证成功，今日之底可能是明日之顶，今日之顶也可能是明日之底。抄底是一个不断试错的过程，本无可指责。

但中国人抄底，带有太多感性冲动想象力，一抄底成功就称历史大底，牛市来了。比较典型的是，2012年7月17日某证券报发表《十大历史底部特征渐次重现》一文，但十大历史底部特征无法阻止，沪市在当日收盘2141点基础上，再跌10%，直到12月4日跌到1949点见底。其实，历史上A股牛市，从不是喊牛市口号喊出来的，也不是靠井喷行情“V”型反转走出来的，而是在市场对牛市的怀疑中反复抄底，构筑复杂底部，走出来的。

如果说，中国改革是摸着石头过河，那么中国A股投资者则是摸着政策抄底。A股市场成立二十多年来一直笼罩在政策市阴影中，超预期利好利空政策导致超预期上涨下跌。2012年证监会平均4天出一个政策，经历了四次抄底（2132，2242，2029，1999）受挫，直到暂停新股发行这一实质政策利好出台，最终形成的2012年A股的底部1949。可见，实质政策利好出台，是抄底成功的前提。

A股抄底思维源于长期多头单边市形成的作多习惯。在2010年股指期货、融券，2013年转融券出台前，A股只有买入持有股票才能赚钱，而持币不能赚钱，充其量只能做到不赔钱。鉴于A股二十多年牛短熊长长期弱市的现实，大多数股票长线投资无异于长线套牢，因此，以短线操作快进快出为主的游资随时准备抄底，以波段操作高抛低吸为主的社保、险资、公募、QFII在高位减仓后，也等待合适价值抄底。抄底作波段行情，是许多资金共同需求。

《抄底中国》以反主流思维方式对抄底A股进行了全方位思考。本书以和讯网16篇抄底中国系列报道为基础，对影响A级宏观因素（经济、政策、制度、流动性、金融安全等），A股关联市场（房市、债市、汇市、B股及中国概念股），以及市场投资者思维与行为指引、市场预测与实战等，进行了复杂内容构建与逻辑推理。本书力求为读者抄底A股，提供一个观察角度和一种分析思路。

CONTENTS
# 目 录

# 第一章　晴雨表迷思

A 股是否是中国经济的晴雨表，近年来多有争论。一方面，鉴于 2007 年—2012 年中国季度 GDP 峰值、谷值与季度股指峰值、谷值一一对应，误差仅为一季度，由此可推论，A 股是经济晴雨表；另一方面，中金公司研究发现，经济转型期股市与 GDP 无统计学意义相关性，而蓝筹股表现则与政策及产业调整方向高度相关。由此又可推论，当中国经济步入转型期后，A 股不是经济晴雨表。和讯市场观察团队认为，A 股并不是一个简单化的经济晴雨表，还具备流动性晴雨表、政策晴雨表、制度晴雨表甚至金融安全晴雨表等诸多特征。

## 第一节　经济晴雨表：经济转型或致长期熊市

中金公司首席经济学家彭文生认为，2012 年中国消费占 GDP 的比重第一次超过投资，这是经济转型拐点出现的标志。在经济转型期，国外的股市几乎都处于熊市或者震荡市。随着中国经济步入转型期，A 股历史上最漫长的熊市或由此启程。

日本和中国台湾地区的经济转型都经历了将近十年，经济转型期股市持续低迷。作为全球第二大经济体，中国的经济转型不会少于十年。某种意义上，此轮 A 股寻底时间究竟多长，取决于国内经济见底型态是“U”型还是“L”型，或者说取决于中国经济转型的进程。要谨防经济转型的长期性，或使 A 股进入长期熊市，尤其是传统蓝筹进入长期熊市。

欲抄 A 股大底，须先抄中国经济大底。但是，经济底与 A 股底究竟有无逻辑关系，在中国尚存争议。

复旦大学金融与资本市场研究中心主任谢百三认为，中国股市的最大特点即中国股市不是经典的宏观经济的晴雨表，宏观经济向上时，它不一定涨，但宏观经济下跌时，它一定跌。

持类似观点的经济学家大有人在。比如，2012 年夏，有经济学家在接受中央电视台采访回答股市为何连续数周都是黑色星期一时，就明确地宣称“中国股市与中国经济无关”。

应当承认，A 股历史上被冠以“政策市”，其短中期甚至中长期走势的确与政策干扰有很大关系。但是，从超长期趋势来看，中国股市并不能脱离实体经济而存在。2132 点钻石底 2012 年三季度的破位，主要是对于 2012 年中国经济二季度见底的预期落空的反映。同样，2132 点钻石底 2012 年 12 月 14 日收复，也与市场对于 2012 年中国经济三季度见底四季度回升形成共识密切相关。

但是，如果借此断言中国经济 2010 年一季度见顶以后持续 10 季度持续下跌的拐点已现，新一轮经济增长启动，为时尚早。

从某种意义上讲，此轮 A 股寻底时间究竟多长取决于国内经济见底型态是“U”型还是“L”型，或者说取决于中国经济转型的进程何时结束。

## 从政策市到晴雨表的蜕变

图 1 - 1 为和讯网数据中心提供的 2003 年—2012 年 GDP 与股指对比图。

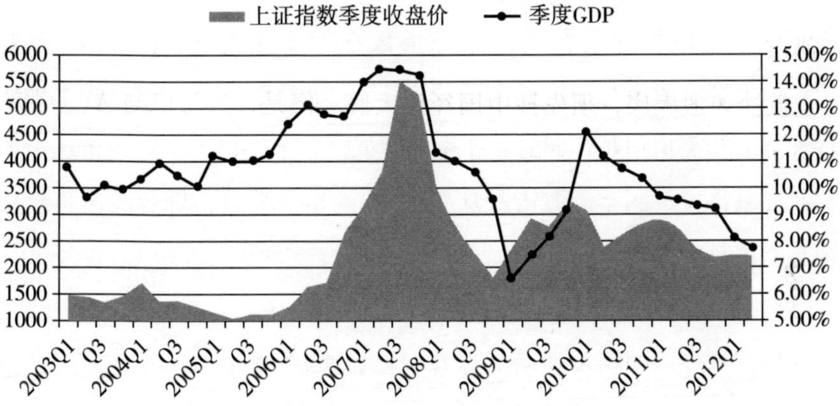


**图 1 - 1　2003 年 - 2012 年 GDP 与股指对比图**

图 1 - 1 的三组拐点，充分体现了 A 股是经济的晴雨表。三组拐点是：2007 年三季度上证指数收盘价历史峰值 5552. 3 点，对应 2007 年第二季度 GDP 历史峰值 14. 5%；2008 年四季度上证指数收盘价四年低点 1820. 81 点，对应 2009 年一季度 GDP 历史低点 6. 6%；2009 年四季度上证指数收盘价四年峰值 3277. 13 点，对应 2010 年第一季度 GDP 四年高点 12. 10%。季度 GDP 峰值、谷值与季度股指峰值、谷值一一对应，三组拐点误差均为一季度。而 2012 三季度上综指收盘价近四年低点 2086. 17 点，恰好对应 2012 年三季度 GDP 近四年低点 7. 4%。

下面，我们回忆一下 A 股是如何完成从政策市到晴雨表的蜕变的。

历史上 A 股曾长期被冠以“政策市”之称。回想 20 年前中国开办股市之初的定位，正是为了推进国有企业的股份制改革和解决国有企业融资难服务的。因此 A 股从一出生就带有强烈的政策色彩。在建立之后相当长的时间里，政策的强干扰屡屡改变 A 股的内在运行轨迹，“因政策而熊、因政策而牛”。

“政策市”的经典案例是“5. 19”行情。在 1999 年中国正处于通货紧缩的时期，但是政府却出台了一系列活跃股市的政策，结果导致股市出现“5. 19”井喷行情，上证指数在一个半月中，从 1047 涨到 1756，出现了股市与经济较大的背离。而 2001 年—2005 年尽管中国经济连续五年高速增长，同时 CPI 维持在低位水平，但由于二级市场市价国有股减持这一利空，股市却从 2245 点跌至 998 点，导致股市再次出现与经济较大的背离。

但是，2005 年成为从“政策市”到“晴雨表”的转折点，此后，中国股市与经济的同步性明显提升。比如 2007 年 10 月 16 日，上证指数达到 6124 点的历史高位之后，开始长达一年的下跌，正是对 2007 年第二季度中国 GDP 见顶 14. 5% 后回落，开始了持续 7 个季度下跌的反映。再如，2008 年 10 月 28 日，上证指数在 1664 点止跌回升，出现了涨幅高达一倍的反转行情，而中国 GDP 恰在 2009 年第一季度达到 6. 6% 的年内低点之后，出现了持续 4 个季度的“V”型反转，股市 2009 年底以来再次重归熊市，则与中国 GDP 持续 4 个季度反转于 2010 年第一季度 12. 10% 见顶后，再度开始了持续 10 个季度下跌有关。

其实，A 股从“政策市”向“晴雨表”的逐步转化，主要基于以下条件。首先，中国加入世贸之后，随着 2003 年第一只 QFII 进入中国，导致中国 A 股的资金构成发生了较大的变化。其次，2005 年中国股市股权分置改革启动、2006 年以来以工农中建四大行为代表的中国超大型国企的 IPO 启动，A 股的流通市值已经由 2000 年的 1. 5 万亿元一跃升至 2012 年底的 17 万亿元左右，上市公司数量由 2000 年底的不足千家扩张到目前的 2400 多家，市场规模已经发生了巨大的变化，使得政策对于股市影响力逐步减弱。

因此，武汉科技大学金融证券研究所所长董登新认为，在大银行没有上市前，中国股市尚不是经济晴雨表，而银行业才是中国经济的温度计；然而，当大银行全面上市以来，中国股市已经变成了真正的经济晴雨表。目前的A股走势，正好反映了中国宏观经济最真实的真相及深层次的矛盾。

值得注意的是，2012年1月2132点这一政策底被击穿是必然的。因为，历史上单纯政策救市形成的政策底，大多数会被击穿，击穿后形成市场底取代政策底。至于A股的前三个历史大底325、998、1664的形成皆与政策救市密切相关，但这三个历史大底，都是以市场从大顶下跌50%以上为前提形成的。此外，1664之所以形成大底，经济V型反转的作用至关重要。而2132之所以未成为历史大底的重要原因是因为未与GDP拐点相对应。

因此，2012年12月1949是否成为A股的下一个历史大底，首先取决于2012年三季度GDP近四年低点7.4，是不是2010年以来经济增长持续下滑的拐点？即便这一拐点出现，还要识别是基于中国经济转型的重大突破，还是基于投资拉动的旧增长模式的反弹？

鉴于2013年一季度GDP仅为7.7，已低于2012年四季度GDP 7.9，且官方表达了对回落至7.7的容忍，因此，不排除击穿7.4的可能。

### 旧牛市终结，而新牛市尚不见踪影

近年来市场上每一次反弹，市场上都大喊牛市来了。这是一个思维误区。一个长达近二十年的旧牛市已经在6124结束了。因为与之对应的、以投资拉动的中国经济持续30年高增长结束了。至于新牛市何时何点位开始还是悬念。因为，新牛市是以中国经济转型成功后形成新一轮的中国经济持续高增长为前提的。

过去的三十多年时间内，中国经济取得了GDP年均9.8%的飞速发展，被冠以“中国奇迹”。但是站在全球视野来看，中国经济高增长只是中国的独特内部要素暗合了经济全球化洪流。

其实，长期以来的GDP挂帅使得地方政府存在投资扩张的冲动。这种依靠投资拉动的经济增长方式的“路径依赖”更使得政府长期丧失了经济转型的动力。而长期产能过剩所产生的负面作用，使得政府用不断的宏观调控加以消除，这导致中国经济循环的波动起伏在加入WTO之前非常大。而在加入WTO之后，产能过剩的现象突然消失了，中国经济进入了低通胀高增长的黄金时代。中国社科院金融所研究员尹中立认为，出现这种现象的原因是中国出现了两个新变化，其一是中国加入全球化的浪潮之中，欧美增长的消费需求吸纳了中国的过剩产能。其二是中国的城市化进程加快，使得城市的基础设施投资加速推进，消耗了国内的过剩产能。

在中国经济飞速增长的黄金时期，与房地产市场相关的行业都获得了飞速的发展，产能扩张到了极限。丰厚的利润在资本市场中的股价中得以反映。例如著名的2003年股市“五朵金花”行情发动就和这些行业的高速扩张有极大的关系。又比如在2006年—2007年的大牛市中涨幅较好的行业都是煤炭、有色、水泥、钢铁等与基建密切相关的行业。

而这些行业的持续增长是在需求持续增长和内部要素成立的基础上的，一旦内外部需求和比较优势发生剧烈变化，这些行业的盈利也就一落千丈。独立财经评论家袁剑一针见血地指出，中国在加入世贸之后实现低通胀高增长的历史条件无非有四个，即由政府管制及人口红利共同作用下的低价格劳动力；由政府权力主导所形成的低价格资源和环境；由全球市场扩张所带来的高市场需求；由城市化以及大量基础设施所推动的高投资。但是越来越多的迹象表明，2007 年之后这些推动黄金增长的基本因素，要么已经消失，要么就在逐步减弱。

2007 年之后，一方面随着美国金融危机、欧债危机相继爆发，全球需求端发生急剧的变化；另一方面，中国严厉的房地产调控政策导致对于钢铁、水泥的需求减缓，使得中国的过剩产能无处释放。而更令人忧虑的是，2008 年中国为了应对金融危机带来的冲击，启动了四万亿元的救市计划和规模庞大的十大行业振兴计划，导致原本过剩的产能进一步过剩。同时由于人口红利的减退、环境成本的加剧，原有中国的比较优势已经减退。这使得中国经济所面临的困局严峻程度超过了以往。中国原来依靠产能不断扩张的增长方式被迫面临着转型，这就意味着这些与投资相关的周期性行业面临着利润的急剧下滑甚至是亏损。

由于 2008 年的刺激经济计划是通过产能急速扩张的手段实现的，因此当时中国经济在 2009 年第一季度实现“V”型反转，而股市更是提前于 2008 年 10 月见底 1664 点，实现“V”型反转。但是这种依靠非常规手段的增长方式带有很大的负面作用，而且是建立在产能不断扩张的基础之上，故不能成为常态。

尽管从中央到地方对于经济转型的迫切性早已达成共识，但是对于如何实现仍然存有争议和疑惑。很多券商和经济学家甚至在 2012 年年中就已经对“中国经济何时见底”进行了大胆预测。一些券商研报更是大胆预测中国经济年内三四季度见底，中国股市将实现“V”型反转。这都是对于中国经济见底之后仍能回到以往高速增长的黄金时期的乐观估计。而与之成为对比，看空 A 股者的理由，恰恰基于对于中国长期增长方式的担忧，通过研究国外经济转型的历史可以发现，在经济转型期的经济增长长期处于“L”状，即“见底而不回升”，这种经济的形态决定相关的股市是处于长期低迷。

由于经济高增长光环的褪去和强周期行业的减速，在资本市场上的反映就是估值中枢的不断下移。曾经被市场公认的底部，可能一次次被击穿。

### A股的长期熊市或开始

经济转型主要包括产业结构升级和经济结构调整。由于中国的经济现代化发展时间较为短暂，我们必须借鉴其他国家或者地区经济转型的历史经验。从 GDP 结构、人口结构、城市化率三个指标来看，中国目前的经济背景和日本、中国台湾地区经济转型前较为相像。后两者都是出口主导经济、重工业化后经济结构开始转型。

中国 GDP 结构与日本、中国台湾地区转型前相似。在重工业化主导的发展模式下，中国的第二产业占 GDP 比重较高，在 2010 年仍高达 46.7%。日本 20 世纪 60 年代、中国台湾地区 20 世纪 80 年代第二产业占 GDP 比重超过 40% 之后，均面临发展瓶颈。另外中国城市化率目前虽只有 50% 左右，但是如果计入进入城市的 2.3 亿农民工，比例则上升至 63.4%，对应于日本转型前的 1960 年的水平。从人口结构来看，根据联合国的测算，中国工作人口已经在 2010 年达到顶峰，对应于日本的 1965 年。虽然台湾工作人口占比高峰在 2010 年，但 1990 年后工作人口占比增长明显走缓，反映人口红利对于经济的刺激弱化。

同时目前中国大陆面临着跟日本、中国台湾地区同样的困境，人口和资源制约下依赖第二产业的发展模式难以为继、消费比重过度失衡，经济面临结构转型。

历史上日本的经济转型期主要发生在 20 世纪 70 年代，中国台湾主要发生在 20 世纪 90 年代。在转型期间，两者的 GDP 增速明显下降。日本 GDP 实际增速由 1955 年—1969 年的 9.4% 下滑到转型期的年均

4.4%。中国台湾名义 GDP 由 1971 年—1990 年的 16.2% 下滑到之后的转型期的 8.6%。从两者经验来看，经济转型过程中第三产业占比上升，第二产业占比下降，制造业内部钢铁、化工等劳动密集型的传统工业比重逐步下滑，而信息设备等技术密集型的新兴工业比重不断上升，构成了产业结构的优化升级。行业间的盈利能力也出现分化。新兴行业优于传统行业，技术密集行业优于劳动密集型行业。在股票市场上，新兴产业、先进制造业和消费服务表现出优势。

在日本、中国台湾地区的经济转型期中，股市均表现一般。日本 20 世纪 70 年代转型期东京指数年均涨幅仅有 9.9%，远低于转型之前的年均涨幅 15.6% 和转型之后 1981 年—1990 的年均涨幅 20.1%。中国台湾在转型期股市表现也一般，台湾加权指数年均涨幅仅为 6.4%，低于转型前 1970 年—1990 年的年均涨幅 25%。这主要源于经济转型期经济增速回落，而且劳动者报酬占比 GDP 比重上升影响企业的盈利能力。

2007 年以来 A 股之所以处于历史最长的熊市中，正是中国经济转型期所带来经济下滑的阵痛的反映，因此，经济学家韩志国在 2010 年就认为，从 2010 年第三季度开始，中国的经济拐点将会全面出现。无论是从国内还是国外因素来看，中国经济将全面进入下行周期，长达三十多年的高增长时代将结束，中国经济将全面进入中速甚至低速增长时代。而在中国经济转型没有完成之前，中国股市将很难再有牛市。值得一说的是，日本和中国台湾的经济转型都经历了将近十年。作为全球第二大经济体，中国的经济转型不会少于十年。

董登新认为，中国目前的过剩产能需要三至五年的时间来消化。通过行业间的深层次整合，中国才会获得轻装上阵的机会。

国开证券研究中心总经理程文卫强调，经济转型是一个系统性的工程，需要人才配套、创新环境、培养机制等一系列因素的配合。任何一环节的短缺都不可能使转型成功。此外，中国大陆庞大的经济体不能跟日本、中国台湾的经济转型进行简单的类比。由于后两者的经济重生度是不够的，在转型时依靠某个行业或者技术进步就可以把整个经济带动起来，因此“船小好调头”，转型时相比起来仍比较容易。而中国东西部经济不平衡，实现产业的东西部逐渐转移更符合中国的国情，不过仍是一个长期的过程。

但是一个不可否认的事实是，中国的强周期行业占据了股市中较大的权重。在经济转型期，这些行业的盈利能力将会急剧的下滑。因此尹中立认为，只要中国经济持续调整两年以上，现在的蓝筹股如银行、钢铁、水泥、煤炭、航空等行业的上市公司都会成为微利或者亏损，很多将成为垃圾股。

**传统蓝筹将长期走熊**

有业内人士认为，中国经济转型未来面临很大的不确定风险。一方面是转型的路径选择问题，比如以新型城镇化代替城市化，是否意味着变相以房地产作为启动内需的支柱，其对中国经济究竟是喜是忧，目前显然难下定论，比如欲成为支柱产业的战略新兴产业的融资问题如何利用股市来解决，等等。另一方面是转型的代价问题，转型期可能出现增长减速和生活水平下降，而政府是否承担其无力承担的全社会医疗、教育、养老及高比例保障房等高福利成本问题。这些问题若解决不好，可能使中国经济转型之路极为复杂极为漫长。而 A 股将承受相应的巨大风险。

对此，中国国际金融有限公司新鲜出炉的 2013 策略报告已有阐述。该报告在研究 20 世纪美日韩经济转型历史基础上，开篇即指出，蓝筹股的变化过程实质是经济结构调整的过程。经济转型期，国内 GDP 与股市的相关性不高，但蓝筹股的变化与表现，则与政策和产业的调整方向高度相关。传统蓝筹明显表现落后，新型蓝筹多孕育于经济结构调整支持的产业方向。

中金公司认为，新四化主导中国经济转型，新四化包括城镇化、工业化、信息化、农业现代化，辅线为金融改革支持新四化。中金公司从2400多家上市公司中筛选出100只新四化蓝筹股，其中医疗保健行业占比37%，工业（主要为机械装备制造）占比18%、信息技术、消费服务及金融（主要为证券），各占11%。这与当前沪深300以传统蓝筹为基础的格局，可谓翻天覆地的变化。

中金公司首席策略师黄海洲表示，尽管近期A股以银行股为龙头的反弹尚未见顶仍可短线看好，但他从长线看空银行股。黄海洲认为，以传统蓝筹为基础的沪深300将发生翻天覆地的变化，银行股五年后占A股市值权重将从目前的40%大幅下降至10%。银行股不具备长线投资价值，只有投机与做空的价值。

中金公司首席经济学家彭文生从多方面解读了银行股的长线利空，首先，2012年中国消费占GDP的比重第一次超过投资，这是经济转型拐点出现的标志。而消费的增长，缘于工资增长超过GDP，而工资增长意味着企业可用于投资的资金减少。随着老百姓用于消费的资金持续上升，储蓄率必然持续下降，与之对应，银行可用于信贷的资金持续减少。

其次，中央经济工作会议明确要求降低实体经济融资成本，意味着2013年央行至少降息一次。此外，利率市场化的进一步推进，意味着2013年央行会提高存款利率浮动上限。二者将减少银行利差收入。

最后，尽管市场预期货币政策中性偏松，但2013年货币政策受到两大不确定因素制约，一方面，房市回暖一线城市房价上升，另一方面，2013 年有 3.2 万亿信托产品到期，监管部门将严防影子银行资金链断裂之风险。

彭文生警告，如果银行监管政策和货币政策缺乏紧密协调，则可能导致货币政策紧过头。

## 第二节　政策晴雨表：大底离不开实质利好

尽管 A 股一向被冠以政策市，然而，2012 年证监会出台了 70 余项政策利好，但 A 股照跌不误。最终还是靠暂停新股发行这一实质利好阻止下跌。当 2012 年 10 月—11 月新股事实停发且 12 月初传言新股停发至春节后，12 月 4 日 1949 点终于启动了两年来最强劲的反弹。

是否暂停新股发行，代表监管层对市场下跌的容忍底线。暂停，即表示不容忍继续下跌，则政策底确立。在 A 股指数、成交迭创三年新低，投资者已经不堪重负的 2012 年，暂停 IPO 恐怕是最好选择。问题是，一旦恢复新股发行，市场会不会依旧跌声依旧？

2012 年围绕是否暂停新股发行，市场与监管层的博弈，最终以监管层只作不说的事实上的暂停新股发行，迎来 12 月市场井喷长阳告终。

然而，回顾这一事件的复杂背景是十分必要的。为什么暂停新股发行实质利好出台，是在 70 多项政策出台仍止不住下跌之后？为什么暂停新股发行整整拖了半年，千呼万唤始出来，犹抱琵琶半遮面？

### 股市涨跌与新股发行之争

导致股市长期低迷的原因很多，但对于广大的股民来说，最令其深恶痛绝的莫过于 IPO。2012 年 6 月 28 日，天涯论坛上发布的《千万股民大签名：强烈要求证监会停发新股、停止 IPO！》一帖，可谓一呼百应。据统计2012年上半年已有22万户股民撤销账户，同时来自各方的暂停IPO以救市的呼吁也是此起彼伏。

然而，证监会的回应却令投资者“很受伤”。证监会相关人士在2012年5月、7月已经明确表示不会停发新股，监管部门不能根据指数高低来调整新股发行节奏，否则不符合市场化改革的方向。而中国证监会副主席姚刚接受媒体采访时再次表示，市场有它自己的运行规律，证监会并不能左右股票指数的变化。证监会2011年年底以来出台的一系列政策措施，都是着眼于资本市场长期健康发展的，而非急功近利地去调节短期涨跌，不能用“政策救市”的眼光去看待制度建设。

《人民日报》海外版2012年7月25日发表的报道中介绍了武汉科技大学金融证券研究所所长董登新的股市涨跌与新股发行并不存在直接关系的观点。董登新认为，在产能过剩与资本过剩的大背景下，中国股市并不差钱，也不缺流动性，相反，中国股市缺乏的是信心和好的投资品种，而新股发行却能够为股市注入新鲜血液，并能提供全新的投资品种。因此，股市涨跌与新股发行并不存在直接关系。

应当承认，IPO是A股不可缺少的功能，但IPO节奏必须控制，不能打着市场化旗号，无论牛熊永远当融资世界第一。应当承认，A股确实缺少有长期投资价值的新投资品种，但A股并不缺少一上市就业绩大幅下滑甚至巨亏，以骗钱、圈钱为目的的垃圾公司，试问股民如何识别混在新股中的大量臭鱼烂虾，避免由此带来的亏损？股指期货作为套期保值的重要工具，以五十万资金开户的高门槛，把90%以上的个人投资者关在门外，一边是更多以圈钱为目的的高风险企业上市，一边是缺乏对冲高风险的工具，投资者怎么能不亏损？

对于是否应该暂停IPO让股市得以休养生息，复旦大学金融与市场资本研究中心主任谢百三表示，市场的承受能力并不是无限的，股市的涨跌肯定与市场容量有关，如果能三个月不发新股，股市一定会上涨，不停发新股不符合基本的供求关系原理，证监会这样是不负责的。

著名经济学家华生在其微博中反驳证监会称，“由市场决定新股发行是说笑，过去熊市就没有新股上市，我们为什么还有那么多家排队上市，开关掌握在自己手上就别拿市场说事！”

**监管层对下跌的容忍底线**

尽管对于能不能暂停新股发行以及暂停新股发行能否挽救 A 股尚存争议，但是，暂停新股发行正是监管层对下跌的容忍底线。

资深市场人士李幛喆谈到，新股发行并不是股市下跌的唯一原因，但当股市一路下跌时，股民就会特别关注新股发行对股市的影响。

那么停发新股是否就会挽救目前的 A 股呢？对此，李幛喆认为，从股市历史的发展历程看，每次新股发行停止，都挽救了岌岌可危的股市。因为股市经过休养生息后，即使恢复新股发行，反而会对股市催生牛市奠定更好的基础。因此，管理层应该与时俱进，为使股市走出低迷，可以考虑暂停新股发行。

尽管历史上 7 次暂停新股发行，3 涨 4 跌，有人以此统计数据为依据，称暂停新股发行，与救市无关。

但是，谁都无法否认，325 点、998 点和 1664 点三个历史大底，无一不是在暂停 IPO 后形成的。1994 年 8 月停发新股半年，大盘一个半月涨 2 倍。

2005 年 5 月至 2006 年 6 月停发新股，催生了有史以来最大的牛市，两年半涨 5 倍。而 2008 年 1664 的大反弹行情，也是 2008 年 9 月停发新股后形成的，期间大盘一年涨一倍。

由此可见，是否暂停新股发行，代表监管层对市场下跌的容忍底线。暂停，即表示不容忍继续下跌，则政策底确立。至于降息、降准、降印花税等非实质利好，均不代表政策底确立。

早在2005年，时任中国证监会主席的尚福林在公开讲话中就曾多次提到新股发行要考虑二级市场的承受能力。在A股指数、成交迭创三年新低，投资者已经不堪重负的2012年，暂停IPO恐怕是最好选择。

进入2012年四季度后，新股发行事实上暂停，1949行情在12月4日启动了，但随着市场预期的恢复新股发行窗口2013年6月来临，市场重陷低迷。

### 不能靠市场化调节IPO

据统计2012年上半年，全球IPO数量为402宗，同比下降41%；融资额592亿美元，同比下降47%。其中深交所IPO数量为88宗，位居全球之首，占全球总数的21.8%。而且A股还有800多家公司正在排队等待上市。

在不得不暂停IPO前，中国证监会副主席姚刚曾表示，维护市场供求平衡要深入推进新股发行制度改革，创造条件让市场机制发挥作用，这样发行人就会自主衡量发行的成本，选择发行的时机，市场的内在机制就会自动调节新股发行。

但中国的A股真的能依靠市场机制实现对新股发行的调节吗？中小散户大多已经对A股市场彻底失去信心，但新股仍然能够顺利发行，这其中机构的力量起到了决定性作用。对于新股目前的发行机制，谢百三表示，机构的中签率大概是散户的50倍，即使上市后股价只涨1毛钱，利润也是非常可观的，而且机构所持新股一上市就可以马上抛掉，因此散户肯定是吃亏的。香港等海外市场都在新股发行上保护中小投资者的利益，但A股新股发行只对机构有利，因此A股根本不是真正的市场化。

新股发行到底应该怎么改？谢百三表示，如果想解决现有的问题，应该采取美国式的竞价方式，机构申报的价格就是最后成交价格，例如A机构申报价格30元，B机构申报价格为10元，若最后确认新股发行价为10元，则A机构、B机构最后成交价格就会分别为30元及10元，如果该股开盘价为20元，那么A机构就亏损10元，B机构盈利10元，这样做就可以抑制机构申报时虚报高价的行为。而A股目前所采取的报价方式为加权平均值，这样会存在虚报高价，从而不能保证投资者的利益。

不容否认，2007年A股的融资额世界第一，并没有阻碍A股的大牛市。但是，2010年，2011年，A股跌幅第一，谁敢说与那两年融资额全球第一无关？融资额不能牛市第一，熊市也第一。牛市多发熊市少发甚至不发，这才符合供求关系，符合市场化精神。

A股并非市场化市场，怎能全靠市场化调节IPO？不能为了所谓的市场化，放弃用行政手段干预股市。

### 取消红利税，A股估值底提升10%

紧随新股发行制度影响股市涨跌的实质性因素，是红利税制度。

上交所金融创新实验室提供的研究报告显示，截至2012年9月26日，沪市整体市盈率仅为10.3倍。而998点和1664点沪市整体市盈率分别是14.6倍、12.5倍。尤其是，代表蓝筹股的沪深300市盈率与道指及恒指市盈率相当。然而，尽管管理层十余次公开呼吁蓝筹股具备罕见的投资价值，鼓励长线资金入市，但是沪深300市盈率连创2012年新低，让崇尚价值投资的投资者苦不堪言。为什么沪深300市盈率与道指及恒指市盈率相当，蓝筹股依然跌跌不休？

虽然蓝筹股跌跌不休与实体经济增长持续滑落的基本面有关，但更为重要的是，A股蓝筹股股息率与分红率远低于成熟股市蓝筹股，实际估值水平远高于后者。例如在美国现金分红占净利润的比例大都在50%以上，在金融危机前股息率为4%以上，而中国2011年分红金额占当年净利润的比例仅为25.8%，实际支付股息率为1.82%。而蓝筹股股息率与分红率低，与红利税设计不合理有重大关系。

根据《个人所得税》有关规定，个人投资者从股市中所取得的股息、红利所得需按照20%的比例缴纳个人所得税。2005年6月13日，财税部门将红利税调整为减半征收，以10%的比例计征。即使10%的红利税也与目前管理层鼓励价值投资、引导长线资金入市的理念相左。因为只有长线资金才注重现金分红，而短中线资金则追求短线差价与波段套利。

长久以来，上市公司缺乏现金分红的意愿、长期不分红的“铁公鸡”公司大行其道而广为市场所诟病。这种现象其实和红利税有较大的关系。由于上市公司现金分红需要扣缴现金分红总额10%的红利税，而股价却按照现金分红总额来除权，因此现金分红之后股东的实际权益要减少10%。因此很多投资者宁可上市公司转增股本（公积金转增股本无需扣税）也不要现金分红。同样，上市公司为了迎合投资者的口味也缺乏现金分红的动力。经过数年宣传教育，目前上市公司现金分红的积极性已大为提高。统计数据显示，中国境内市场2011年共有1348家上市公司实现现金分红，比2010年增加317家。现金分红金额为3900亿元，增幅为28.99%。但是与国外成熟资本市场相比，仍有很大差距。

而且，尤其重要的是，目前10%的红利税，导致上市公司的理论估值就要打10%的折扣。如果能够取消10%红利税，即使上市公司名义上现金分红率不变、股息率不变，实际股息率也随之提高10%，以股息率为基础的A股估值底就会随之提高10%。那么，与之对应，以A股估值底为基础的A股大底自然随之提高10%，这对于维持目前股市的稳定有极大的作用。

**取消红利税，提振长线资金入市持股信心**

随着2132钻石底击穿，市场迭创三年新低，长线资金离场成为重要杀跌力量。导致长线资金持股信心动摇的重要原因，是长期持股的现金分红不足以对冲股价波动。

收益率高于一年期定期存款利率是长线资金追求的重要指标。然而，据中证登记公司统计2007年—2011年A股无一家公司达到持续三年现金分红高于一年期定期存款利率。既然如此，不如把钱存银行。

因此，取消红利税，提高现金分红比例，有助于提振长线资金入市持股信心，维护证券市场稳定，在目前的市场环境下，90%以上的投资者都处于亏损的境地。而在股民亏损的情况下仍要缴纳红利税，显然只能更加降低市场的投资意愿。历史上印花税和红利税的调整都是作为政策来对股市的非理性行为进行干预。例如2005年6月宣布红利税减半征收即带有政策救市的性质，当时大盘刚形成998点的底部，处于1100点左右的低位。而目前市场在经过三年连续下跌之后，股市中一片哀鸿遍野，已经出现非理性杀跌行为。市场投资者迫切渴望通过取消红利税让利于民，还市场一个休养生息的环境。

在国外成熟市场，机构投资者占据主要的地位，这主要由于其健全的交易制度和信息披露制度，使投资者很难通过股价的短期波动获取巨额收益。因此机构投资者，会寻找基本面优良、现金分红能力较强的股票，并长期持有。而高水平的股息率能够让机构投资者不必担心股价的短期波动，形成一个良性循环。而国内的股息率较低，不能够抵消股价短期波动造成的风险，这也是造成社保资金、养老金不愿意大举进场、长期持有股票的原因。而通过取消红利税、鼓励上市公司大比例分红显然有助于引进长线大资金的入场。

显然在大盘连续多年走熊的情况下，证监会也认识到了社会对于取消红利税的渴望。经过与有关部门的积极的磋商。最终在2012年11月16日又一次实现了红利税的大变革。经国务院批准，自2013年1月1日起，对个人从公开发行和转让市场取得的上市公司股票，股息红利所得按持股时间长短实行差别化个人所得税政策。持股超过1年的，税负为5%；持股1个月至1年的，税负为10%；持股1个月以内的，税负为20%。也就是说，个人投资者持股时间越长，税负越低。

许多业内人士在评价该制度时认为，红利税差异征收是A股市场的重大利好，有利于鼓励理性投资和长期持股，尤其对于蓝筹股的长期持有具有重要意义。

该利好消息也引起市场强烈的回应，在11月16日当天大盘拉出一根长上影线。最终在12个交易日后的12月4日确立了中期底部1949点。因此可以说，此次红利税的差别化征收政策的出台对于1949点底部的形成起到至关重要的作用。

需要说明的是，尽管红利税差异化征收对于此前享受免红利税的机构投资者并无直接受益，但当个人投资者因此提高持股信心，锁定长线筹码时，机构投资者可间接受益。

而且实行红利税差异化征收也仅是一种手段，并不能根本性解决中国A股长期分红意愿不强问题，因此未来对于红利税的存留待时机允许时可以取消。因此目前国家一年的税收超过10万亿元，红利税占其中的份额微乎其微。按照 2011 年分红情况测算，所收取的红利税大约为十几亿元，对政府的税收影响不大，而且对投资者实际减免税负有限。但是这可以向市场传递出积极的信号，以尽快恢复投资者信心，政策导向意义巨大。同时减免红利税将会提升大盘目前的估值水平 10%，对于培育上市公司高比例现金分红的意愿、引导长线资金入市大有裨益。

综上所述，红利税差异征收制度的出台对于大盘底部形成起到至关重要作用，尽管这个底部是否是历史大底仍需要检验和确认，但是对于引导长线资金入市起到重要促进作用。

## 第三节　制度晴雨表：制度不改，股民只能逃离 A 股

暂停新股发行只能形成政策救市行情，只有新股发行制度的实质改革才能奠定制度牛市的基础。创业板成为超级泡沫，领跌股市并成为股市跌跌不休的重大诱发性因素；众多资不抵债、营业收入只有几十万元的垃圾公司、僵尸公司，市值却高达十多亿元，却一直在股市屹立不倒——中国资本市场主板近十年年均退市率不足 1%，而美国纳斯达克的这个数据却高达 8%。凡此种种，都不过是 A 股制度危机的缩影。

制度保持一定程度的稳定，政策相对灵活随市应变，这无疑是政策和制度结合的良性之道。然则，A 股的一大困惑，正是在于制度跟政策一样变动频繁，不能形成稳定预期。同时，新制度的出台，既不考虑跟既有制度的衔接和对既有制度的影响，也不考虑推出时机，造成即使是中性的制度推出也会形成重大利空。由此形成的制度性危机，造成了 A 股牛不过三年、跌起来没完没了的常态。而反观美国股市之牛长熊短，

在于制度保持数十年不变，投资者形成了稳定的预期。虽然指数会上下波动，但长期而言股市一定会随经济增长而上涨，其长期年化收益率可达到7%左右。

**避开被政策市风险笼罩的股市**

A股历史上的每一轮大跌，都与证券市场某项重大制度的出台脱不了干系。

以2009年8月起的大盘走势为例。股指3478点见顶后持续下滑一月，直至2639点方才止住，这与7月底银监会推出严格管制信贷资金流向的制度，封杀信贷资金违规流入股市渠道，导致信贷资金逃离股市有直接关系。

2009年11月股市3361点见顶后股指持续下滑，与此相对应的是，酝酿十年的创业板2009年10月30日开板，股指在高开低走之后一路下跌。

2010年4月15日，上证综指创造盘中高位3181点之后，持续了将近三个月的跌势，直至2319点方才止住。这轮跌势对应的是4月19日开始交易的股指期货。

2010年11月—12月，中小板、创业板先后见顶，上证指数出现对应的年内最高点是3186，自此便开始了两个月的下跌，与此相对应的是新三板将出台、创业板退市制度将出台的风声愈演愈烈。

2011年5月23日，上证综指收盘大跌2.9%，跌破2800关口，此后连跌1个月，直到2610才止跌。这轮跌势则与当年5月21日闭幕的陆家嘴论坛上监管部门表示国际板即将推出密切相关。

时至今日，A股仍然没能摆脱一直在2000点上下震荡的窘况。

为什么同样遭受2008年金融危机冲击及经济增长下滑，道指从

2009 年 3 月的低点 6470 点起步，其创新高的走势可连涨四年，至今屹立于历史最高点之上；而 A 股从 2008 年 10 月的低点 1664 起步，其创新高的走势不到一年，就止步于 2009 年 8 月的 3478 点？

为什么道指从 1954 年突破 385 点的历史高点起步，其大牛市持续半个世纪之久？连百年一遇的金融危机也无法终结这一超级大牛市？这是一个令人深思的问题。

美国股市之所以能牛长熊短，正是因为其投资者形成了稳定预期。虽然指数会上下波动，但长期而言股市一定会随经济增长而上涨。这其中最关键的因素就是建立在其稳定的制度基础之上。美国股市长期年化收益率能达到 7% 左右。据悉，美国共同基金股票持仓下限为 90%。且全部持仓均可用金融衍生产品对冲风险。美国股市做多有持仓制度与风险对冲等多重制度保障。

1929 年美国股市出现崩盘，从 385 点跌倒了 41 点，两年多跌幅 89%。大萧条也为美国经济带来沉重的打击，在这样的背景下，美国政府痛定思痛，在 1933 年由罗斯福实施了新政，并通过了《格拉斯—斯蒂格尔法案》、《联邦证券法》等一系列法案，为美国股市未来数十年的繁荣奠定了重要基础，而且该法案几十年都没有进行调整，只是在此基础上完善了上市公司监管制度，使财务造假现象大为减少。美国政府对于影响股市的货币政策也保持长期稳定。2008 年推出的 0%—0. 25% 超低利率将持续至 2014 年底。由此可见，只有投资者形成长期稳定预期，股市才会长期稳定，也才真正具备长期投资价值。

反观 A 股牛不过三年、跌起来没完没了的常态，与政策调控频繁密切相关。这正是说明了我们的股市制度建设存在很大的问题。政策是变化的，而制度属法律范畴，应该是相对稳定的，其目的应该是能让所有的投资者都能在公平、公正的环境下进行交易，这样才会给所有投资者带来稳定的预期，使市场能够更加平稳。

反观A股历史上的每一次牛熊更迭，总离不开政策调控。政策多变给市场带来巨大政策风险。曾经2001年至2005年长达4年的大熊市，就是由于《国有股减持办法》的出台所引发的，而2005年底又通过股权分置改革、引导各方资金入市等一系列政策造就了一场轰轰烈烈的大牛市。2007年在央行6次降息、10次降准的配合下，监管层痛下杀手，利用新老基金"许卖不许买"等窗口指导政策把股市一年打回解放前。而在这个过程中，著名的"5·30"崩盘，恐怕老股民还记忆犹新，突然提高印花税让大盘指数在5个交易日暴跌超过20%，个股大面积连续四五个跌停板。

A股历史上的大顶和大底大都是政策所造就的。

用一场拳击比赛来形容当今政策与制度的关系最为恰当，制度是比赛规则，多空双方应该在公平的规则下进行比赛，裁判就相当于我们的政策，比赛的结果应该掌握在双方选手手中。

裁判应该是规则的执行者，决不能随意干预，影响比赛结果。更不能出现裁判随意修改比赛规则，帮助一方战胜另一方。龙腾资产董事长吴险峰认为，中国A股市场的问题就在于整体的不规范导致缺乏投资价值，短期内就只能指望被动的跌出市场的底部，而中长期来看，如果没有一个好的经济体系及制度，未来弱势格局将很难被打破。

**避开充满泡沫的股市**

可以说，A股市场从发行、上市、退市、公司治理诸等方面的制度性问题，都被聚焦在创业板之上，从而打造了一个超级泡沫。2011年以来创业板的持续下挫，见证了这一超级泡沫的引爆过程，见证了二级市场投资者受到的重创。

2012 年 12 月 4 日创业板指数下探至 585 点，创下创业板指数自发布以来的历史最低点，较之 2010 年 12 月 20 日创出的历史高点 1239 点跌去 52.78%。同期，上证指数仅下跌 42%。据统计，绝大部分创业板股票都在 2011 年创下历史新低。2011 年沪深 A 股跌幅最大的 5 只股票全部是创业板股票，且跌幅均超过 50%。

创业板为何领跌 A 股?

中国政法大学资本研究中心主任刘纪鹏教授毫不客气地指出，创业板"三高超募"(高发行价、高市盈率、高超募比例)对中国资本市场的制度性伤害是深远的。

刘纪鹏认为中国创业板 212 家企业平均 35 元的发行价和 70 倍的发行市盈率在世界资本市场闻所未闻，212 家创业板企业共融资 1670 亿元，而计划融资仅 520 亿元，超募资金两倍。212 个企业造就了 676 个亿万富翁，一百多个十亿级的富翁家族。

刘纪鹏质疑，创业板企业的财富是创造来的吗?不是。仅仅是社会财富的简单堆积和重新分配，社会财富的蛋糕并没有做大，这种合法的剥夺财富都是发生在不合理的发行政策中。

刘纪鹏还指出，如果说创业板发行制度不合理已经被人们充分看到并被揭露的话，这只是创业板问题的表象，创业板问题的真正实质则是其在股权结构上出现的夫妻、父子、兄弟这种家族上市公司的"一股独大"。对 212 家企业调查看，其中 200 家企业都是家族企业，其发行上市前第一大家族股东平均持股比例高达 54%。"一股独大"，这才是创业板资源配置效率低下和大股东暴富的根源所在。

综上所述，这些"三高超募"(高发行价、高市盈率、高超募比例)、"一股独大"企业上市之后连续发生业绩变脸、高管辞职、股东套现等事件，可以说顺理成章。

刘纪鹏强调“从效率上看，创业板不仅对后续创业板企业的融资上市造成了困难，而且它对以后三板的开通、国际板的开通都构成了不利影响，重要的是对中国资本市场、二级市场的压力非常大，“所以创业板现在臭大街，这是让人家不可思议的，完全是一个好事变成一个坏事”。

其实，创业板的制度危机仅仅是A股制度危机的缩影。

某阳光私募基金负责人王先生认为直接将A股大跌背后的深层次原因指向了制度性问题。“根本原因还是体制、制度，市场进入、退出以及监管等等都是核心问题。A股市场上曾经有很多僵尸公司，几十万的营业收入，市值有竟然有十多亿。这些僵而不死的公司的存在，跟退出制度有很大的有关系。”

然而，让他最心有余悸的是那些带着“三高”症状首发上市的新股们，“我们把他们当做头号风险来防范。由于供给失衡，导致每一个进入市场的公司都是高泡沫，泡沫一直在积累，你怎么形成投资价值?”王先生认为承销人、保荐人制度导致高价发行，二级市场的利益被一级市场无情挤压掠夺，在二级市场形成了高风险。

“这是个源头性的问题，如果一个市场都是干净的水，进来的水也是清水，那么市场会越来越好。如果进来的都是泡沫，泡沫只会越累越大。”而正是“头号风险”的意识，王先生所掌管的基金从未染指过类似于海普瑞这样的百元明星股。“我明明知道他们有风险、有泡沫，我为什么还要买它?”

发行制度制造的A股泡沫之所以愈演愈烈，和缺少与之配套的退市制度有关。

根据统计，美国的纳斯达克每年大约有8%的公司退市，1985年至2008年美国纳斯达克共有12965家公司退市，新增上市公司11820家，退市公司多于新增上市公司（不含 OTCBB 挂牌公司）。近十年中，中国资本市场的主板年均退市率不足1%。资料显示，中小板目前仅有5只个股被特别处理，占比不到1%。

根据万得统计数据，截止到2012年三季度末，当时已经发布三季报的A股2470家公司中，资产负债总额合计为99.22万亿元，而总资产合计仅有115.48万亿元，平均负债率为46.83%。其中，资产负债率高于70%的上市公司有389家，占比15.75%。资产负债率超过100%的高达42家，其中25家已经连续5年“资不抵债”，但至今却仍无法退市。

**避开不能有效保护投资者的股市**

创业板之后，传闻国际板即将推出被指为2011年5月下旬以来股市大跌的又一罪魁。制度对市场的损害，有些源于制度本身不完善，有些源于制度出台时机不当、未考虑市场承受力，有些源于与现有制度与未来制度不衔接。总之，不考虑制度出台的效果。

如果说，创业板对市场的损害主要源于制度本身不完善，及出台时市场投机气氛过热，那么，国际板对市场的损害主要源于与现有制度不衔接。国际板即将出台，导致被边缘化的B股持续大跌并拖累A股下跌。

有业内分析人士指出，“监管层应该考虑到每项制度出台后对市场的影响，目前上证综指市场成交量已经萎缩到几百亿的水平，市场已经转为典型弱市，如果在这种情况下还坚持把国际板推出来，这个市场根本没法承受，甚至不排除极端情况下A股被国际板边缘化”。上述分析人士指出，“中国股市以大跃进的方式，短短20年完成了美国股市100年的扩容历程，不能再以大跃进的方式推出国际板。A股市场不能一面推出国际板，吸引世界500强上市，一面却坚持人民币资本项目下不可兑换，不让全球资金进入A股市场，仅靠国内资金恐怕根本无法承受世界500强上市”。

作为全国政协委员的贺强2011年两会期间写了8个提案，而他认为这其中第一重要的就是“有效保护投资者利益”的提案。他认为，各国证券法规核心都是保护投资者利益，这在资本市场是至高无上的。而中国资本市场二十年，在市场层面上依然出现一系列损害投资者利益的现象，不得不引起深思。

贺强指出，要建立什么样的证券市场，是投机性质的市场，还是投资性质的市场，有着本质的差别，这是根本的理念问题。贺强认为中国证券市场在设计和创立的时候，就先天不足，基因缺损，存在很多问题。“我们应该逐渐净化市场，培养投资理念，逐渐从投机型的市场转变为投资型的市场。”

贺强反对股市谚语“一赚二平七亏”的说法，“这实际上是错的，我认为真正的投资型的市场，股民、基金和券商都是投资者，就是要分享上市公司创造的利润，整个市场不应该是零和游戏，应该是增量的。”

“十个投资者，七赚一平二亏才是正常的市场。”贺强说。

**避开投资者无法控制风险的股市**

中国资本市场设定的初衷是为融资者服务的，为国企脱困来服务的，时至今日不仅国企、民企从这个市场募集到了数以万亿的资金，连外国企业也要借国际板来A股市场圈钱。

而与之成为对照的是，一赚两平七亏却成为以中小投资者为主的上亿股东的宿命。中国股市已经历了二十余载，为融资者服务的定位理应重新进行调整，应该把保护投资者利益放在首位。

复旦大学金融与资本市场研究中心主任谢百三表示，中国的新股发行、IPO 市场明显对中小散户非常不利，但对机构很有利，现在搞得像一个充满陷阱和臭鱼烂虾的市场。目前有很多因素制约着股市的上涨，所以中国股市还是个有着很多原发性、制度性疾病的市场，是有残疾的“青少年儿童”。

我们可以看到，目前的中国股市还存在着很多不公平，交易制度的不公平、信息披露的不公平使投资者没有得到应有的保护。中国有各种各样的特色交易制度制约着投资者，如前文所言的 T+1、涨跌停板，中小投资者一旦选错股票就成为砧板上的肉，涨跌停板在牛市及熊市也会分别扮演助涨助跌的作用。

李振宁进一步阐释道，目前中国股市的主要问题就是管理层对于股市的认识和定位不清，对市场的干预降低了市场活跃度，股市越限制，就越难上涨。T+1 交易制度的弊病在强势市场中体现不出来，但在弱势中就会很明显，交易原则明显不对等，显然有利于卖方。而涨跌停板制度也是非常不合理的制度，是钝刀子割肉，结果会导致抄底意愿不强，当天抄底的资金次日遭遇下跌就会选择割肉，实际上会加大做空力量。

2012 年 7 月 17 日，在美国上市的新东方受到利空影响，股价暴跌 34.32%，随后第二天继续下跌 23.39% 后企稳，由于美国股市实行 T+0 交易、无涨跌停板限制，因此，投资者可以随时止盈止损的。而如果类似的事件发生在中国，身在其中的股民可能就是连续几个跌停却无法止损的毁灭性的打击。

与海外股市普遍采用的实行 T+0 交易、无涨跌停板相比，中国特色的 T+1、涨跌停板交易制度存在着极大的交易风险，投资者一旦失手买入突发重大利空持续跌停股票，将蒙受巨大损失甚至血本无归，却连个纠错悔改的可能性都没有。

如2011年年底的重庆啤酒，在其乙肝疫苗神话破灭后，连续出现了9个跌停，跌幅超过60%，就连身在其中的大成基金就浮亏22亿元，险些造成清盘。2012年7月23日闽灿坤B遭遇退市新政冲击持续7个跌停，从1港元跌到0.45港元，若非当地政府出面维稳，闽灿坤B险些成为股价持续低于面值退市的第一股，投资者将血本无归。

更令人不可思议的是，A股作为一个风险极大的现货市场，创立以来近二十年无对冲风险的金融衍生品。直到2010年姗姗来迟的股指期货，因其制度设计的多种缺陷（50万元保证金的开户高门槛、机构在股指期货上只允许套期保值、且最多只能对现货25%头寸套保、期指T+0交易与现货T+1交易不匹配）使其对冲风险功能大打折扣。

在海外成熟股市，现货风险可以用期货期权等金融衍生品全面对冲。而A股市场，参与金融衍生品的机构只能对冲部分风险，90%以上中小投资者基本不可对冲风险——因达不到50万元保证金开户门坎被拒之门外。而对于机构投资者的众多限制，规定机构在股指期货上只能套期保值（且只能对现货25%头寸套保）不能套利，意味着机构只能在期指上做空，意味着股指期货上只有机构空头无机构多头，甚至股指期货持仓总和永远处于净空状态（据悉沪深300开市以来，净空持仓从未低于千手），这绝对违背了金融衍生品设计的基本原则。对于机构而言，股指期货形同鸡肋，套保套利的两种作用都不能真正发挥，至于中小投资者，因无资格参与对冲风险，在熊市中只能眼睁睁看着账面亏损与日俱增而无可奈何。这就是，A股市场2012年频现三年地量的重要原因。

因此，从交易制度与风险对冲而言，A股市场恐怕是风险最大的股市之一。如果不从根本上改革交易制度与风险对冲机制，与成熟股市接轨，那么市场就不会具备活力。

### 避开只为融资者服务的股市

A 股市场牛短熊长，还有一个主要原因，即长期严重的供求失衡。

2012 陆家嘴论坛上时任中国证监会主席的郭树清说道，中国的资本市场没有理由不成为世界第一。上交所总经理张育军也在此前后高调宣称，到 2020 年股票市值争取做到 70 万亿元至 80 万亿元。未来的“世界第一”会不会是市值第一呢？以目前 2200 点指数，20 多万亿元的 A 股市值，如果想单纯通过股市上涨，达到 80 万亿元的目标，至少要涨 4 倍，那么上涨的动力在何方？

当然，通过不断地发行新股，维持圈钱第一扩容第一，即可很容易实现市值第一。2010 年和 2011 年融资排名世界第一，由于新股发行，A 股市场分别造就了 800 名和 500 多名亿万富翁，而这两年的 A 股市场跌幅则均排名世界第一。但这是以牺牲二级市场投资者利益为代价。

“在股市中想成为百万富翁，就要自带现金 1 千万”的玩笑正是说明了股民对于股市劫掠财富的无奈，一边是新股疯狂的造富、圈钱，一边则是股民的年年亏损，股市何时才能体现出应有的公平原则，保护投资者的利益何时才能被真正重视？

中国政法大学资本研究中心主任刘纪鹏认为，中国的资本市场只要解决了制度问题，就能够实现市场的公平公正。对于目前的发行制度，很多内在腐败的、低效的矛盾不解决，即使把 IPO 停止，股市仍然会下跌。如创业板，以退市制度试图掩盖入口问题是本末倒置的，创业板上市公司由于超募了大量的资金，短期内根本退不了市。目前我们没有一个刚性的制度作为约束，出口、入口两头腐败，矛盾一茬一茬地往后移，这就是中国资本市场监管的现状。

## 第四节　流动性晴雨表：热钱抄底 A 股背后

牛市离不开流动性泛滥，熊市离不开流动性枯竭。从某种意义上，境外热钱是决定 A 股流动性水平，乃至决定 A 股牛熊的关键，而主导境外热钱行为的则是美国的 QE。

如果说，2009 年的 QE1，2010 年的 QE2，分别打造了 1664—3478，2319—3186 两次 A 股超级反弹，那么，2012 年 9 月的 QE3、12 月的 QE4，则打造了 1949 井喷反弹。现在的问题是，QE3、QE4，是如何戏剧性地改变了境外热钱的行为？

随着 2012 年 9 月 QE3 出台，境外热钱 2011 年 10 月—2012 年 9 月上中旬持续一年的从中国内地净流出变为从 9 月下旬以后的疯狂涌入中国内地。2012 年 12 月 QE4 出台则把涌入内地后处于观望状态的境外热钱，赶入中国股市房市，导致 2012 年 12 月 A 股井喷，一线城市房价再度大涨，人民币资产面临全面泡沫化。如此一来，流动性也会在干涸见底和水漫金山之间快速转换，使 A 股的走势更加诡异。

毋庸置疑，热钱对历史上 A 股走势起到极其重要的作用。无论 2005 年 998 至 2007 年 6124 的超级牛市，还是 2008 年 1664 至 2009 年 3478 点、2010 年 2319 至 3186 点两波大反弹都是由热钱主导，与热钱大规模进入中国密切相关，而 2008 年 A 股 6124—1664 的 80% 崩盘，则与热钱大规模逃离中国密切相关。耐人寻味的是，以 2012 年 9 月为转折点，热钱对中国的态度为什么突然来了个一百八十度大转弯，从持续净流出变为疯狂流入。

境外热钱专家黎友焕强调，境外热钱此次大规模进入与历史上大不相同。对于 2012 年 9 月下旬开始热钱大规模涌入中国，是在 2011 年 10

月至2012年9月上中旬长达一年的热钱净流出之后发生的。而导致境外热钱一年持续净流出的风险因素并未改变，即未来相当一段时间中国经济增长及政策存在不确定风险。因此热钱仅看好QE3引发的人民币汇率升值而来，不看好人民币资产，境外热钱进入内地后没有立即购买任何人民币资产，无论股票、房产还是大宗商品。在A股市场估值正处于历史低位的时期，热钱为何不来抄底？

据黎友焕介绍，热钱迟迟不肯买人民币资产这可能是在等待某些不确定信息的明朗。一方面当时美国大选刚刚揭晓，未来奥巴马一定会把重心转移到亚洲，那么其即将出台遏制中国的措施将成为热钱下一步行动的方向。此外中国新领导换届也才开始，房地产调控是否会调整，股市是否会出台实质性的政策，这些都充满了未知数。而随着2012年12月QE4出台，境外热钱消除了对QE3实施时间不确定的担忧，加上2013年春节前暂停IPO这一罕见的实质利好，以及中央经济工作会议未提房产税，表明不会进一步调控房市，热钱随即开始大举进入一线城市房产及A股。

**中国最大的金融风险是热钱涌入还是资本外逃**

2012年11月11日，中国人民银行行长周小川在接受媒体采访时透露，央行对热钱保持高度警惕。如果短期资本流动确实很异常，央行还是有一些管理手段的。

按照通常的理解，周小川指的是中国要防范热钱涌入。

而黎友焕认为，对于这波从9月下旬开始的热钱涌入无须过虑，其规模远不及2009年那一波的规模，进入11月中旬流入力度，已开始减弱，风险不大。与之成为对照，2011年10月至2012年9月上中旬长达一年的热钱净流出，才是值得警惕的。因此，中国最大的风险并不是热钱涌入而是资本外逃。

由此带来的问题是，中国最大的风险：究竟是热钱涌入，还是资本外逃？

历史经验表明，只有热钱涌入时 A 股才有大机会。与之相反，如果资本外逃，A 股可能持续低迷，没有大机会。

与热钱流入、A 股大涨成为对照，在 2008 年全球金融危机出现后，热钱大规模从新兴经济体回流美国本土，以寻求避险，2008 年 1 月—10 月 A 股暴跌 70%。

同样，A 股自 2011 年以来的一蹶不振，首先与热钱的持续一年的撤离有着必然的关联。据黎友焕研究小组监测数据显示，热钱自 2011 年开始，一直处于净流出。热钱这样的选择却也并无道理，目前政策制定的谨慎程度大大增强，同时中国的经济前景仍然并不明朗，且高速的经济增长也已经走向终结，因此中国市场对于热钱的吸引力正在逐步下降，国际资本正在逐步转移至东南亚等发展中国家，因此这也可以解释为何马来西亚、菲律宾等国的股市早已创出了 2007 以来的新高，而 A 股近年却持续低迷的原因，这也可以充分反映出国际热钱对于中国经济悲观的预期。

其次，继 2012 年 9 月份后，热钱则是一改往日持续流出的趋势，转而大规模进入中国的。既然，热钱看好人民币而不看好中国经济，那么热钱进来的目的是什么呢？对此黎友焕解释到，目前中国以及美国的前景都不明朗，热钱进入中国就是为了获取利差和汇差进行套利。目前最重要的一点是，热钱虽然进来了，但是国内的资金却大量的外流，这包括民资、国企资金以及腐败资金等，因此这与热钱的进入形成了对冲。

目前市场普遍存在一种误区，认为 QFII 即是热钱，实则却不然。从 2012 年初以来，监管层加快了 QFII 以及 RQFII 的审批力度，但这一时期真正的热钱是在流出的。如果从概念上将热钱视为投机行为，时至今日也不能找到对其完全监管的办法，因为热钱流入、流出的途径有上百种，而且停留的周期也很难把握。但是 QFII 及 RQFII 是通过国家可以监管的途径进入的，一进一出均在掌握中，并且这部分资金往往投资的周期会比较长。

**诡异的热钱究竟看好人民币、港元，还是美元**

2012 年欧美日相继推出量化宽松的货币政策，导致热钱重新回流至新兴经济体，新兴国家股市也出现了不同程度的上涨。新加坡海峡指数已较年初上涨 12.9%、菲律宾上涨 25%、印尼也上涨了 13.75%。然而，监管当局保持着高度的警惕。自 10 月 19 日至 11 月 2 日，香港金管局连续 10 次出手干预汇市，累计向市场注入了 320 亿港币。

诡异的热钱至少兵分两路，一路把美元兑换成人民币，导致人民币汇率持续涨停屡创新高；一路把美元兑换成港元或其他新兴经济体货币。诡异的热钱，究竟看好人民币还是港元抑或美元？

首先，主流观点认为，热钱看好人民币长期升值。

实际上，某些知名专家对此并不认同，而且认为热钱对人民币的态度是“短多长空”。兴业银行首席经济学家鲁政委认为，这次人民币持续走强主要是基于美国大选而进行的一波投机，这显然是不能持续的。海外 NDF 市场上人民币掉期并没有走强的趋势，因此表明热钱的进入是一种短期行为。

中国外汇投资研究院院长谭雅玲也表示，人民币升值不具备可持续性，目前的升值是过度的，这不利于未来的风险调控，期待人民币升值带动A股走强并不现实。相反，升值所带来的风险或将对未来的股市造成更大的冲击。

正如谭雅玲所说，自2011年底开始，人民币贬值预期就已经浮现，而自2012年4月人民币兑美元汇率波幅扩大以来，人民币的波动区间也随之增大。7月底，人民币更是连续触及1%的跌停板，从此加重了市场对于中国经济前景的担忧。而在此期间，A股更是跌破了所谓的钻石底。

因此，热钱短期内突击进入中国或许将成为烫手的山芋。现在人民币的连续涨停，为未来人民币贬值留下更多的下跌空间。尤其是，如果美国一旦收紧货币，那么热钱就会迅速撤出中国，与国内资本外流形成夹击之势，中国势必会出现“危机”。黎友焕认为，国内资本外流外逃比热钱流入更加可怕。

其次，热钱看好港元套利空间。

热钱先用美元兑换港元，再兑换成人民币进入内地会更加容易，而这期间只要人民币对港元的升值幅度低于人民币对美元升值幅度，那么以港币为中介，三者之间将产生套利空间，因此香港的资产价格就从而被推高。据业内人士分析，香港资本市场与内地关系密切，金融体系相对内地亦较稳定，资金可自由进出，对外资而言，资金从香港切入应有较大的吸引力。

一方面入港资金有很大一部分流向了人民币固定资产产品，这是由于香港各银行港元一年期贷款利率普遍不到2%，而一年期人民币债券收益率普遍在3.5%以上，两者间至少存在1.5%的利差。另一方面由于港币对人民币不断贬值，且人民币又出现升值预期，热钱借道进入内地市场，获取汇差。

最后，对于热钱看好美元的观点应当重视。但有分析认为，看好港元实际是看好美元，因为港元通过联系汇率制度，成为美元的影子货币。持有港元进可攻退可守，只要联系汇率制度不垮，持有港元既不怕美元长期升值，又可规避美元短期走弱风险。境外热钱专家黎友焕表示，热钱长线看好强势美元。只是热钱认为美国在以强势美元刺破中国的资产泡沫前，应当先用弱势美元完成中国资产泡沫的最大化。

**热钱是否抄底A股取决于中美货币战争怎么打**

热钱选择进入或逃离，往往基于对避险与套利的双重需求。历史上热钱大规模持续进入中国，基于规避不确定风险比如欧债危机，并且看好中国经济及政策确定性的前景，进而看好人民币汇率及人民币资产升值，进而实现对人民币汇率及人民币资产的双重套利。

黎友焕强调，热钱此次大规模进入与历史上大不相同。对于2012年9月下旬开始热钱大规模涌入中国，是在2011年10月至2012年9月上中旬长达一年的热钱净流出之后发生的。而导致热钱净流出的风险因素并未改变，未来相当一段时间中国经济增长及政策存在不确定风险。

如今，中美货币战争的爆发越来越成为主导性的因素。这种爆发的标志，并不是东海、南海争端中都有美国的影子这种表象，而是2012年年底人民币加速升值已经脱离了美元指数的影响。

中美两国的“冲突”其实由来已久。数据显示，随着中国经济的快速发展，人民币在全球支付货币中的排名一直保持迅猛上升的态势，目前已从2010年10月的第35位跃升至2012年8月的第14位，韩国、印尼、马来西亚、新加坡和泰国等7个东亚经济体的货币与人民币的关联度已经超过美元。而业内专家也预测，到2015年，新兴市场以人民币结算的贸易额将占到总贸易额的50%左右。

黎友焕认为，如果给中国五年顺利发展的时间，那么美国将会被超越。放眼全球，特别是日本和欧洲，没有八到十年的时间，是不可能走出泥潭的，但如果中国仍然保持良好的势头，同时再进行海洋大开发，那么将会严重威胁到美国的霸主地位，因此美国不会放弃重返亚洲，不会放弃围堵中国。

黎友焕认为，美国对中国政治、军事、经济、金融的全面围剿已完成初步布局，挑起南海东海争端的效果已经显现。至于经济上，中国经济三驾马车已垮了两驾。外需死了，投资乱了。地方投资仅省以上计划投资就达 20 万亿元，加上地市级投资更是惊人。远超 2008 年年底四万亿元。美国认为中国新一轮地方投资热将引爆地方融资平台泡沫，引爆中国金融危机。此外，影子银行资金链断裂是引爆中国金融危机的另一路径。

在中国沿海挑起事端也只是美国惯用的伎俩，充其量也只能起到骚扰的作用，而能够引爆中国进入危机的手段势必会回归于金融市场的战争。

对于热钱，弱势美元的信号是 QE3、QE4 出台，强势美元的信号是 2013 年初两党顺利达成协议财政悬崖及债务违约未出现，乃至 QE3 的退出。

目前热钱虎视眈眈的大规模涌入必须要引起我们的警觉，未来这些热钱的动向很可能会根据中美两国即将采取的政策而行动。如果未来中国的货币政策、房地产调控继续从紧，美国可能就会收缩货币，通过实行强势美元政策，使中国的资金面变得更加紧张，地方债、影子银行等风险或许将成为热钱做空中国的推手，那么这将对中国的经济形成沉重的打击。因此对于中国来说，未来货币政策如何调整，调整后如何防止热钱“搅局”就成为了重中之重。

中国虽然有3万亿元的外汇储备，但不应该忽略的是，根据业内人士测算，改革开放初期进入中国的几百亿美元外资，目前已增值至超万亿美元规模。一旦外资撤走，与热钱外逃、内资外流趋势形成合力，那么中国的外汇储备或形同虚设。

可以说，2013年无论美国是先用弱势美元政策引导热钱进入中国进一步推升中国资产泡沫，再用强势美元引导热钱撤出引爆中国资产泡沫及中国金融危机，还是干脆直接用强势美元引导热钱撤出引爆中国资产泡沫及中国金融危机，都可能对A股乃至中国造成重大的打击，而目前中国放任人民币升值的做法，虽然可以在一定程度上暂缓热钱撤出的脚步，但鉴于热钱的进出渠道有上百种，如果要阻止热钱进出几无可能。

可以说，未来的资本市场更像是各国博弈的战场，热钱对于一个国家的影响也日益深远。市场人士认为，热钱囤积香港，实则是窥视着内地市场。黎友焕认为，A股可能成为中美博弈的下一个战场。在香港热钱可以亮出旗号公开与港府叫板，像1997年索罗斯狙击港元港股。但在内地热钱则因身份不合法，要靠影响其他资金运作。

换句话说，未来A股的大底在哪儿，很可能取决于中美货币战争的巨大杀伤力。

### QE4使热钱进入股市和房市

目前中国三四线房市产品大量积压，已泡沫化。受QE4影响，境外热钱一反此前的观望态势，开始流入中国股市房市，导致一线城市房价再度大涨，人民币资产面临全面泡沫化。

QE4主要针对中国。QE4与QE3联手效应巨大，每月释放845亿美元，中国央行怎么应对？必然释放人民币。加上中央经济工作会议保增长出台，CPI 将加速回升，中国央行势必紧缩。

美国的目的是让中国货币忽松忽紧、金融动荡，经济无所适从。美国已准备对叙利亚动手引起大宗商品异动。

QE3 持续时间的不确定性，曾令热钱进入中国后踌躇不前，不敢贸然买入人民币资产。QE4 出台，且刻意明确美联储零利率的结束与失业率降至 6.5% 以下，通胀率超过 2.5% 挂钩，而这两个指标难以达到，给热钱吃了定心丸。从十八大到中央经济工作会议，热钱已经看出来，中央为保增长推进城镇化，不敢再对房地产调控下狠手。热钱才敢出手一线房市。只作不说的暂停 IPO，使热钱抓住进入股市的难得机遇。

曾经预言 QE3 后还会再有 QE4 的黎友焕，也在研讨热钱出逃的节点。他认为，热钱利益与美国利益是一致的。中国泡沫不够大，热钱不会走！与美联储零利率结束挂钩的失业率降至 6.5% 以下，通胀率超过 2.5%，而这两个指标难以达到但是可以调整，美国会视中国情况待机而动。因此，美元暂时走弱后继续走强是必然的。

热钱出逃的节点不会太远，也许很近。2013 年 1 月 7 日披露的美联储 12 月议息会纪要表明，美国有可能在 2013 年下半年终结 QE3，这是不是强势美元回归的政策信号呢？

## 第五节　国家机遇晴雨表：抄底中国还是抄底美国

谈论抄底中国，就无法回避美国，因为在未来十年甚至更长时间，美国都是中国在吸引资本方面的强力竞争者。如果说股市是国家机遇晴雨表，那么全球主要经济体股市中，美股最牛中国最差连日本都不如，是否寓意着中国机遇差而美国机遇好？抄中国底还是美国底？全球资本面临选择。显然，2013 年对于中美都是关键一年，如果美国顺利解决财政悬崖、债务上限，为 2014 年—2015 年经济加速复苏奠定基础，自然会提升美国机遇吸引力，如果中国新领导顺利释放改革红利，走出经济转型之路实现经济平稳增长，自然增加中国机遇吸引力，

2001 年，47 岁的约翰 · 桑顿放弃了高盛公司总裁的职位，来到清华大学教书，只领一元人民币的年薪。

约翰 · 桑顿这样做的理由是，他思来想去，感觉这辈子能够看到的最重要的事件就是中国超过美国，即中国经济成为全球总量第一，他要到中国来见证这个过程。

当时，听到这个故事的人大都觉得这个老头是不是疯了。因为按照当时的估计，中国要想达成这个目标，至少要在 2050 年之后，所以没有人会把他的话当真。

2012 年中国共产党第十八次全国代表大会开过之后，恐怕没有人会怀疑这一天将很快到来。

### 2020 年中国或出现奇迹

按照国际货币基金组织的预测，中国经济总量超过美国会发生在 2016 年，这比 11 年前的预测提前了近四十年。

2010 年底，中国人均 GDP 达到了 4300 美元，按照“十二五规划”提出的 GDP 年均增长 7% 左右进行复利计算，2020 年中国人均 GDP 将翻一番，达到 8600 美元。在此期间，如果人民币升值 10%—20%，人均 GDP 将达到一万多美元。

“我们保守一点，应该是 2020 年前后。当然，我们应该清醒地认识到，即便中国经济总量赶上或超过美国，我们的人均 GDP 和其他很多方面与美国的差距还是巨大的，但毋庸讳言，中国经济的增长出现了明

显的加速效应，远远超出了几乎所有人的预期。为什么中国经济会加速?”中国证监会研究中心主任祁斌说。

按照亚当·斯密的基本经济原理来理解，市场经济下的自由交易是一个排列组合的过程，2个人可以做1个交易，3个人可以做3个交易，4个人可以做6个，5个人可以做10个，6个人可以做15个。当13亿中国人中越来越多的人参与到市场经济中去的时候，其增长可能是爆炸式的，总量增长加速也就不足为奇。

“经济总量赶上或超过美国，更重要的是意味着中国成功突破中等收入陷阱，中国社会的缓冲区将更深，忍受力将更大，也更有条件推进一些更深层次的改革，后面的道路反而会更加平坦一些。”祁斌说。

近两年，关于中国经济即将崩溃的论调不绝于耳。德国《经济周刊》前主编斯特凡·巴龙通过深入中国内陆，感受到了“崩溃论”的苍白无力。“中国虽然已经崛起成为仅次于美国的第二大经济体，但人均收入只有美国的五分之一，13亿人口仍有近一半生活在农村，这意味着要为数亿人修建新房、学校、医院和道路。”

事实上，自2008年金融危机以来，中国已经在调结构方面做了很多工作，经济增长模式正在悄然转变。数据显示，今年服务业产值对GDP的贡献同比增长1.2%，社会消费品零售总额同比增长14.4%。

一个更加乐观的消息是，中国已经明确提出到2020年实现城乡居民人均收入比2010年翻一番。据商务部研究院消费经济研究部副主任赵萍测算，到2015年，我国社会消费品零售总额要翻一番，达到32万亿元。到2020年，我国消费总规模将达到64万亿元。

## 更大的红利还在后面

要实现经济总量全球第一，靠什么？时任中共中央政治局常委、国务院副总理的李克强说要靠改革开放，并突出强调改革是中国经济最大的红利。

而这个红利美国恐怕看不到，在这个世界上最为民主的国家，制度变革的空间已经微乎其微，制度创造的红利自然无从谈起。

实际上，《华盛顿邮报》2011年还发现了推动中国经济增长的另一个红利。它在一篇《美国人应该真正害怕中国什么》的报道中提到了“车库咖啡”，提到了中国正在兴起的科技和资本联姻的故事，这些故事的操盘手大多是从中国顶尖学府毕业、刚刚开始创业的年轻人，即将成为企业家的他们是中国的未来。而美国在过去几十年独步天下的秘密，创造出微软、谷歌、苹果等一批世界级企业的秘密，正是科技和资本的紧密结合。

德国《明镜》周刊也看到了这个现象，他们得出结论说，这个世界上有一个地方有可能超过美国的硅谷，那就是中国的中关村。到底有没有可能呢？有几个数据或许能说明一些问题，2009年，从硅谷走出去的IPO企业只有一家，而从中关村科技园区走出去的IPO企业是23家；目前中关村科技园区中达到上市标准的公司已经超过了1000家，而中关村科技园区还只是中国近百个国家级科技园区中的一个。

目前，在中国证监会排队等待上市的企业有830多家，在一些人眼里，这个现象已经不再是一个简单的经济问题，而成为一个政治问题，因为有一些企业家受不了制度的约束，开始通过移民的方式来绕过制度实现上市。

与此同时，世界上许多国家也千里迢迢地跑到中国来开发这些上市企业资源，因为他们的经济没有增长。以美国为例，原因就是他们的经济发展已经非常成熟了，没有那么多上市资源，投资银行业没有什么挖掘余地了只好去开发金融衍生品，结果引发了金融危机。

所有这些都与制度存在障碍有关，中国正在推动改革，如果把这些障碍清除了，释放出来的红利自然不可限量。

眼下中国正在遭遇能源、资源、环境等瓶颈制约，很多人指责政府在配置资源的过程中干预过多，有一些资源并没有进入要素市场，由此造成全要素生产率不断下降。从另一个方面看，这些没有进入市场的要素无疑将成为未来中国经济持续增长的动力，而这种红利美国也没有。

**内外交困考验中国**

不过，中国经济总量成长为全球第一的过程注定不是一帆风顺的。

未来三五年内美国债务上限问题，使经济将处在持续动荡的状态中，而这将直接影响到中国的外需水平。

尽管欧盟已经度过了最糟糕的阶段，17 个国家形成了银行业监管联盟，但在 2013 年要实施起来会面临很多困难，因为欧元区内部还没有统一的银行破产法，没有统一的存款保险机制，这会给欧洲央行带来很大的监管难题，更麻烦的是，这个过程并没有考虑如何振兴实体经济。

“蒙蒂拟辞任意大利总理绝对是个坏消息，欧元区已经到了输不起的状态，一个希腊退出或许没关系，但意大利、西班牙接连出问题，欧元区就会有大麻烦。”一位长期观察国际金融市场的中国专家在评论消息时说。

然而，日本央行副总裁的西村清彦更担心中国出现金融危机的可能性。西村清彦表示，地产泡沫、人口结构变化和贷款增长迅速会加大一国遭遇金融危机的几率，而中国正进入这方面的“危险区域”。日本 20 世纪 90 年代的资产泡沫与美国 2000 年的房市泡沫有相似之处。两者均是劳动人口占总人口比例达到峰值，而同时房价处于高位、贷款急速攀升，这些因素叠加在一起，导致了催生金融危机的“恶性”泡沫。

中国现代国际关系研究院经济安全研究中心主任江涌认为，在美国次贷危机、欧债危机之后，下一场危机将发生在金砖国家。首当其冲的是中印。当然印度出现金融危机的可能性大于中国。江涌指出，我们看到国际资本无论从 FDI 直接投资，还是间接投资，包括热钱，都是差不多进入一轮投资的尾声，都要从中国撤离，所以以美国为首的国家要求中国资本账户开放，如果中国资本账户开放，就会出现大规模的撤离，急速撤离。美元资本、日元资本和我们的本土资本都快速的从中国撤离，这时候我们看到的金融海啸、金融危机就来了。

境外热钱专家黎友焕也同意此观点，他表示，研究发现整个金砖四国的金融都出现了问题，包括中国在内。除去热钱，外逃的资金还有很多是国内的产业资本，包括民营资本，民营资本外流，对我国未来的可持续发展、经济基础和社会基础伤害很大。而且到目前为止，国家有关部门还没有意识到这个问题的严重性。所以在经济下滑、资金外流等多种压力下，金融危机随时都有可能发生。

在经历了苏联解体、“阿拉伯之春”冲击后，就中国内部而言，社会的适应性不断增加，被一个具体冲突或尖锐信息突然推倒的可能性已基本消解。

“美国的民主体系有自己的优势，但也有很多的问题，在美国会有花费大量资金拉拢选票的现象。与中国的选择机制相比无所谓好坏，不同的机制在不同的社会文化背景下也可能会产生不一样的效果。另外，选择机制也是不断改进、不断完善的过程，只能看某种机制在某一时点是否适合。”鉴于西方仍保持整体强势，“中国崩溃论”不仅流行于西方，中国也有不少人被洗脑，约翰·桑顿说。

但很显然，中国要想平稳度过未来一二十年的关键期，也有很严峻的挑战。首先是中国的政体与“主流”的西方民主政体不相符，影响了中国社会的信心；其次，由于改革尚未到位，传统体系与现代环境没有很好地对接，出现了一些很难解决的问题，如腐败、上访、重化工项目立项难等，未来不排除它们的破坏力逐渐结合，这些内部的不满越来越容易与外部敌意走到一起，从而频繁挑动中国内部矛盾。

鉴于此，环球时报社论指出，未来几十年中国将走进触动西方核心利益的深水区，进一步发展的收益和风险将越来越大，外界阻止中国崛起的动因会越来越强烈，能利用的机会和工具也会很多，这种外部环境的不确定性将长期存在。

**美国陷入政治危机**

相对于中国的挑战，美国对自己的经济前景仍然有强大的信心。

目前，美国已经将家庭债务降低到2003年以来的最低水平，消费者正在减少储蓄增加开支；房价从2006年的高点下跌30%后开始反弹；银行自2009年以来将自有资本增加3000亿美元后，正在增加放贷。

穆迪首席经济学家马克·赞迪认为，随着消费、建筑和就业全面振兴，今明两年的经济增长将达到2%左右，2014年和2015年将达到4%左右。

凯雷集团联席执行长Conway则高调表示，当前美国仍是全球最佳的投资地点，美国市场吸引人的地方包括能源市场变革、低水平利率及楼市好转。

2013年1月2日美国参众两院终于通过避免财政悬崖的决议，决议对年收入45万美元家庭增税，并推迟两个月执行自动削减支出机制。而提高债务上限的问题又迫在眉睫。

评级机构穆迪则警告称，如果美国应对财政悬崖的行动推迟至

2013 年，要保住 3A 最高评级的难度将大大增加，除非国会致力于达成预算协议并出台一份清晰的改革时间表。

美国国会预算办公室也发布报告警告说，如果躲不开财政悬崖，2013 年美国经济将出现萎缩，失业率将升至 9% 以上。

约翰·桑顿认为，民主党与共和党的分歧比以前更大。“奥巴马 2009 年提出经济刺激计划的时候，244 名参议员表示支持，但其中没有一名共和党参议员。而 1985 年社保法案通过的时候，还有很多反对党的支持，在医疗保险方案上也有很多反对党支持。”

对于背后的深层次原因，哈佛大学教授劳伦斯·莱西格认为，美国的民主政治受到团体及其出资人的摆布，已成为美国政治制度不可缺少的组成部分，每个重要具体问题都取决于竞选资金制度的改革。只要不消除这个问题，就无法在解决核心问题上取得进步。

美国的政治危机影响政府的决策效率，从而为美国及全球经济复苏带来不确定风险，也将为全球金融市场的动荡埋下伏笔。这些是值得世人警惕的。尤其是，2012 年 12 月美国参议院决议将钓鱼岛列入日美安全条约的防务框架，正在挑战中国的底线。无论东海危机还是南海危机，都可能为 2020 年前中国重大战略机遇期带来不确定风险。

# 第二章　非独立行情

“不识庐山真面目，只缘身在此山中”。用这句名诗来概括预测 A 股走势的种种误区，可谓恰如其分。

2012 年 A 股逆中国经济增长而下跌，逆全球股市上涨而下跌，跌跌不休、屡创三年新低，被称为独立下跌。其实，A 股并非独立行情。A 股走势实际上受制于汇市、期市、债市、房市、B 股、港股等关联市场联动影响，这些关联市场，或先行或后行，或同向或反向或先同向后反向。或预示 A 股超长期宏观趋势，或精确对应 A 股中长期波动拐点。但大多只能作为 A 股参考指标，作为 A 股精确指标的似乎仅有美元指数。

## 第一节　房市不见底，A 股不见底

2012 年年底京沪广出现恐慌性二手房抢购，而 A 股市场出现恐慌性买盘，12 月 14.6% 涨幅大阳线为 2009 年 8 月以来最大月涨幅。买房还是买股?

对于房市与股市的关系，有两大误区。要么二者反向，房市不见顶，A 股不见底。要么二者同向，房市走牛，A 股走牛。二者皆失之偏颇。

其实，过去十年，房市与股市二者的关系，既联动又背离。未来十年，A 股大底，或许要像日本股市那样，经受房地产泡沫破裂的考验才能确立。

**五大依据支持一线城市房价大涨**

尽管住建部 2012 年 12 月 25 日表示，2013 年将继续严格实施差别化住房信贷、税收政策和限购措施，坚决抑制投机投资性住房需求，但当日 A 股地产指数却大涨 4.38%，首次突破 6 月高点创 2011 年 8 月以来新高。地产指数 2012 年大涨 30% 以上，房地产股的牛市是房市牛市的先行指标。综合各方面信息表明，2013 年一线城市房价大涨已在所难免。而 2012 年土地供应减少、全国主要城市房地产量价齐升、一线城市多地“地王”频现，热钱觊觎一线城市以及房产税或搁置，可能成为 2013 年一线城市房价大涨的五大依据。

依据一：土地供应减少，助推 2013 年房价暴涨。土地供应高的时候，价格就会下降。同样，土地供应减少，也意味着价格的上涨。一直推崇土地价格推高房地产价格的任志强日前重申其 9 月提出的观点：2013 年 3 月房价会暴涨。任志强再次强调，仍然是“土地负增长是根源”。2012 年的土地供应不好，2013 年的供应量也不会增加。任志强指出，2012 年住宅新开工面积增长为 -11%，保障性住房也从 700 万套减少为 500 万套，投资也将随之转为负增长，如果 2012 年投资增长约为 15%—18%，那么 2013 年房地产投资就有可能下滑至 13% 左右。供给下降，需求不下降，二者的不平衡就意味着 2013 年房地产市场面临暴涨的可能。任志强还列出了近年来土地供应减少与房价暴涨的先例：

2003年以前土地负增长导致了2007年房价暴涨；2008、2009年土地负增长形成了2010年的房价暴涨。

依据二：销售情况持续良好一线城市房市量价齐涨。来自上海易居房地产研究院研究员吴晓君的数据显示，北京、广州、上海、深圳的商品住宅2012年11月成交量同比涨幅分别达到114%、93%、98%、175%。中投证券的房地产行业（12.17—12.23）周报也指出，楼市暖冬行情持续，23城市一手房成交面积环比上升11%，同比上升84%，其中一线城市表现整体好于二线。因此一二线市场呈淡季不淡态势。报告预计12月主要一二线城市成交量或将接近11月。与成交量上升的同时，11月份全国70个大中城市中新建住宅销售价格环比上涨的城市数上升至53个，较10月份增加了19个，房价平均涨幅也有所扩大，11月份再次出现了全国房价普涨的局面。中信证券的观点认为，调控当局必须在房价上涨和经济下滑之间做出权衡，而在目前“稳增长”的需求下，政府会在一定程度上容忍房价的上涨。

依据三：一线城市再现“地王”频出，二手房恐慌性抢购。2012年12月24日，鲁能集团以46.2亿拍得天津天塔道地块，楼面地价15000元/平方米，溢价率24.53%，刷新天津土地市场地块出让总价和楼面价年内纪录，成为天津新的双料地王。这距离国土部在12月18日表示将继续坚持房地产调控政策不动摇仅仅一个星期。此前，11月27日，北京、上海两市土地市场“地王”同现，楼面均价均超3万元；11月28日，深圳也诞生新的总价“地王”；一线城市地王频出，也引发了北京、上海、广州等地在12月份陆续传出恐慌性抢购二手房的消息。

依据四：热钱流入将致一线房价再度大涨。在房地产调控的主基调尚未改变，除刚性需求被压抑之外，投机资金也有极强的需求。热钱专家、广东省社科院研究员黎友焕日前表示，受QE4影响，境外热钱正流入中国的房市和股市，一线城市房价或再度大涨。

依据五：房产税或搁置，2012 年 12 月中央经济工作会议未提房产税，显示房地产调控有松动迹象。2011 年初沪渝在全国首推房产税试点，因为税率低，未涉存量房，并未达到调控房价目的。此后房产税后续试点内容以及何时推广一直是市场关注的焦点。尽管国务院批转的国家发展改革委《关于 2012 年深化经济体制改革重点工作的意见》明确，2012 年要加快财税体制改革，适时扩大房产税试点城市范围。但 2012 年房产税试点城市并未扩容，财政部原打算 2012 年在湖南、湖北试点个人住房房产税的相关准备已暂停。国税总局原副局长许善达表示，个人住房房产税不符合中国当前的形势，事实也已充分证明试点不成功，应当明文中止。中央经济工作会议强调房地产调控不动摇的同时，只字未提房产税，曾被市场视为重大利空的房产税或搁置，这很可能为一线城市房价大涨，点燃冬天里的一把火。

**买房买股两难抉择**

到底是买房还是买股成为困扰很多人的选择。

数据显示，2011 年全国住宅总值约为 91.48 万亿，而中国 GDP 的累计值约为 47.15 万亿，全国住宅总值接近 GDP 的 2 倍。反观 A 股，截止到 2012 年 9 月 19 日，A 股的总市值为 22.9 万亿元，占 GDP 的比例为 48.5%。

2012 年西南财经大学和中国人民银行共同发布的《中国家庭金融调查报道》显示，中国自有住房拥有率高达 89.68%，2011 年中国城市户均拥有住房为 1.22 套。截止到 2012 年 8 月 31 日，A 股共有 1.66 亿个人投资者账户。

股市和楼市该抄谁的底？可谓众说纷纭。主要分两派：有卖房买股的，有卖股买房的。但是，二者虽观点针锋相对却基于同一逻辑，即房地产和A股是跷跷板关系，其实，事实恰好相反，二者并非跷跷板关系，而是“一荣俱荣、一损俱损”的关系。只不过由于股市较楼市对于市场信息的反映更加灵敏，因此它往往先于房地产见顶见底。

对于楼市和股市两大市场规律都有深入研究的中国社科院金融研究所金融市场研究室副主任尹中立明确指出，“楼市和股市在正常的情况下应该是同向波动的，但是股市比较敏感，往往又会领先于楼市的波动，即当经济比较好时，股市首先回升，走出牛市的行情，然后带动楼市向上。当经济状况比较差时，股市先出现顶部向下调整持续一段时间之后，楼市才开始下跌。”

尽管中国股市和楼市都只有大约二十年历史，上述规律在2008年股市和楼市的大跌时得到佐证。根据国家统计局房屋销售价格指数的数据显示，2007年10月17日，股市见历史高点6124.04点，而房屋销售价格指数随后在2007年11月见111.97的峰值。一年后A股在2008年10月见1664点之后率先触底回升，其间，股市最大跌幅80%，而房屋销售价格指数直到2009年2月见95.76才开始触底回升。其间，最大跌幅14.4%。而以比较有代表性的北京为例，北京市商品住宅成交均价在2007年10月创下13888.6元的新高。随后在2009年1月见10485.9元才开始触底回升，之后在2011年创24794.4元历史峰值。

按照上述联动，A股大约提前楼市见顶几个月、A股大约提前楼市见底几个月。

不过，历史上楼市和股市也出现过背离的现象。比如2000年—2005年间，中国的经济保持高速增长，房屋销售价格指数从2002年的最低点90.22点上涨到2005年的高点110.31点，但是中国股市却从2001年的2245点持续下跌到2005年的998点。

导致当时股市和楼市出现较大背离的原因不是基本面的因素，而是股市政策面、制度面问题。2001 年国务院推出以二级市场市价减持国有股试点，引发市场恐慌。因此，尽管当时经济形势很好，股市却出现了持续四年的大熊市。

现在的问题是，2011 年以来股市和楼市走势可谓复杂，既联动又背离。

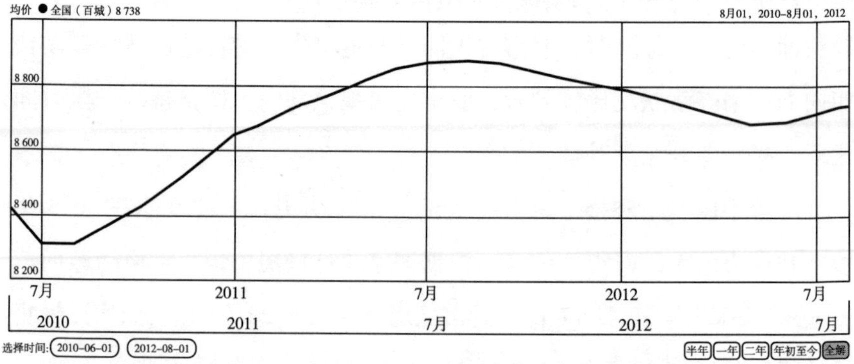


图 2－1　2010 年—2012 年百城住宅均价走势图

股市从 2011 年 4 月 3067 点见顶滑落，跌至 2012 年 1 月 2132 点，最大跌幅达 30%。而根据中国指数研究院的百城住宅均价自 2011 年 9 月开始下跌，下跌持续 9 个月后于 2012 年 6 月止跌。2012 年 6 月百城住宅均价为 8688 元/平方米，环比上涨 0.05%，与 2011 年同期相比仅下跌 1.9%，较 2010 年以来的阶段性高点仅下跌 2.2%。A 股见顶见底时间较房价早五个月左右。符合股市楼市联动规律。如果上述股市楼市联动规律成立，那么既然 A 股已击穿 2132，在 2012 年 12 月创 1949 新低，房价也应滞后几个月再探新低。而现实恰好相反。2012 年 6 月以后，全国七十个大中城市房价环比持续上行。股市楼市又一次背离。

对两者这种既联动又背离的现象，尹中立给予了这样的解释，“因为股市波动比较敏感，每天都有价格，而楼市价格往往都是以月度数据表现出来的。因此股市的大趋势和楼市大趋势不会出现太大的背离，但是因为股市有太多中等的波动，这种区间的波动就很难使楼市和股市完全对应起来。”

尹中立认为目前“股市走熊，而楼市滞涨”的主要原因是股市受全流通，以及内在制度改革的影响，出现了一个熊市。而现在的楼市呈现顶部特征。当整个宏观经济开始逐步向下调整的趋势确立之后，楼市用不了多久就会步股市的后尘，进入熊市。

不过与尹中立对于楼市和股市所持有的警惕不同，独立经济学家金岩石对楼市和股市的未来均持乐观态度，近日更是语出惊人，发表“股市慢牛三年，中心城市房价五年翻一番”的豪言。

**A股长熊，都是房市惹的祸**

谈到楼市和股市的关系，房地产调控是绕不开的话题。A股自2010年初以来的每次大级别的下跌和反弹几乎都和房地产调控有或多或少的关系。

首先，本轮股市的下跌始于2010年4月3184点。正值史上最严厉的一轮房地产调控出台之际，北京在当年4月30日的“国十条实施细则”中在全国首次提出“限购”，随后9月29日国家有关部委出台旨在调控房价的“新国九条”，其后又有几十座城市出台限购令。尽管地方在财政收入锐减的压力面前出现了对于地产调控政策的预调微调，但是限购的红线一直未被突破。

国家对于楼市调控的不放松直接导致了房地产投资的降低。2011年9月份的新开工面积同比增长30%，而2012年8月份的新开工面积同比下降10%，在短短的一年时间内，中国的新开工面积大幅下降，导致了与房地产投资相关的钢铁、水泥、建材、煤炭、电力等都受到了打击。

因此，尹中立认为，目前楼市对于股市起着决定性的作用。从2011年第三季度开始，股市的加速下跌和房地产市场的调控逐渐收到成效有很大关系。由于跟房地产行业有关的周期性的股票占了A股总市值的七八成，一旦新增房地产投资开始减速，这些相关产业的上市公司股价便开始持续下跌，因此股市就出现了大熊市。

其次，2012年1月2132点启动反弹行情，起源于房地产调控放松的预期，地产指数领先于大盘反弹，一度成为最强劲的板块，其后，这轮反弹行情破灭于房地产调控不放松的现实。3月14日温家宝总理在人大记者招待会上强调“房价远未回到合理价位，调控不能放松”，话音刚落，A股在当天见顶2476，收出2012年以来最大的一根阴线，随即展开向下持续调整。

而2012年房市反弹远滞后于股市反弹，直到6月份央行降准和降息的叠加效应和压抑的刚需释放，使得房市在6月份终于结束了9个月环比下跌，止跌反弹。

颇值得玩味的是，在2012年两次降准两次降息以来，尽管外汇占款减少、银行间的资金依然紧张，但是央行却一直采用逆回购的方式来缓解市场流动性，而未采用市场所期待的降准或者降息的手段。专家对此的解读是防通胀与房价反弹。

因此，尹中立表示，“楼市不降，降息或降准都很难”。尹中立对此的解释是，“短期来看货币政策受楼市影响越来越大，央行的最近一段货币政策应该是受制于楼市价格逐渐回升，而货币政策不进一步放松也制约着股市短线的反弹。”

与此同时，外围环境的变化也增加央行货币政策的决策难度。美联储2012年9月14日推出第三轮量化宽松（QE3），此前一周欧洲央行宣布的新不限量购债计划被解读为“第三条量化宽松道路”，日本央行于8月19日宣布扩大量化宽松规模，在现行70万亿日元的基础上再增加10万亿日元。美联储12月又推出QE4。

全球领先的信息和数据公司IHS高级经济学家任先芳表示，本轮QE3最有杀伤力的地方是在数量和时间上都存在很大的不确定性，这无疑会加大中国货币决策者决策的难度。未来中国决策最好不要乱动，否则就会陷入一动就错的怪圈。

耐人寻味的是，宏观调控剑指房市，受伤害最大的却是股市，正是由于房价泡沫挤不动，所以股市挤泡沫便没完没了。

**房市股市泡沫还要挤多久**

应当承认，若仅从市盈率衡量市场的估值水平，2012年2000点，既比A股历史大底的估值水平还要低，也与成熟股市接轨。

但是，慢牛投资公司董事长张化桥近日却公开指出，只有股息率达到和一年存款利息3%一样的水平才会对价值投资者有吸引力，而目前中国A股现金股息率大概不到1%，如果现金股息率要达到3%，那么目前A股主板发行市盈率20倍以上，要降到7倍的市盈率才合适。他认为中国股市合理估值是1000点。

同样，以国际上对于房产估值用租售比和房价收入比来衡量，显然我们很多大城市的房价是远远超过国际合理水平的，存在着严重的泡沫。

复旦大学金融与资本市场研究中心主任谢百三早在2010年时即承认中国具有房产泡沫，但是却不建议硬捅，他担心“对于房地产泡沫仓促下猛药，可能的后果是大量企业倒闭歇业，失业率大幅上升，直接影响经济局面，这在日本已经有前车之鉴”。

尹中立认为决定目前房价高位整理的主要有两个宏观背景：一个是流动性的泛滥，另外一个是趋势的推动。

在2010年以前，流动性过剩的主要原因是外汇占款大量增加，导致了整个金融体系货币增长速度偏快，流动性的泛滥导致了以房地产为首的资产价格的大幅度飙升。而在2009年后又受到4万亿投资的影响，信贷投资高速扩张，又导致了另外一次流动性过剩。1999年我国广义货币M2仅有9万亿，而经过十几年的扩张，2012年8月份我国M2已经高达92万亿。短短十几年，M2已经扩张10倍。因此之前的外汇占款大量增加，之后的信贷政策主动宽松导致了房地产十年的大牛市。

不过尹中立强调，房价的上涨速度与货币供应量的同比增长速度有高度相关性。从2011年三季度开始，中国货币供应量无论M1、M2都已经迅速下降，从以前的20%左右下降到目前的12%—13%。未来看不到货币再次快速扩张的理由，因此从货币供应量的增长来看，房地产市场已经出现大的拐点。

此外，趋势推动也是房价维持高位的另外一个重要背景。房地产的大牛市一旦形成，老百姓在心目中就会形成思维定式，认为房价是只涨不跌的。房地产上涨持续的时间越长，老百姓的心理定势就越牢固。因此对于目前房地产的价格回暖，尹中立认为更多的是受市场波动规律的影响，而不是基本面的影响。目前的房地产市场具有2007年的A股的顶部特征，正在完成第二个头部的构造，很快就会出现快速的下跌。

如果按成熟市场的价值投资理论，无论中国房市股市均泡沫巨大，根本谈不到抄底。如果按房市股市联动关系，A股之所以迟迟不见底，与房市迟迟不见底有关。尤其是，以目前房市股市背离的态势，房市股市泡沫不知要挤到何时?

然而，城镇化战略的确立很可能成为打破僵局的突破口。

**城镇化的地位决定房市股市泡沫之命运**

在看好中国经济的主流观点中，一个很重要的观点是“城镇化是未来我国经济增长的主要潜力之一”。也有人认为，城镇化仅靠保障房不行，必然是保障房、商品房并举。

种种迹象表明，城镇化很可能成为房地产行业再次复苏的突破口。房地产行业可直接拉动19个产业，间接拉动42个产业，可吸纳大量农民工就业，是稳增长拉内需的利器。而大量农民工、大学生进城所导致的住房需求的增加会继续推升房价的上涨。

尹中立却表示，城镇化的确是中国过去10年经济高速增长造成的一个最重要背景，不过却不会对住房形成有效需求。统计局的最新住房调查统计数据表明，进城的2亿多农民工当中有7000多万户家庭，在城市买房的只有0.8%，有另外99.2%的人买不起房。另外目前留在农村中的人口大部分是老弱病残，不具备劳动能力，如果按照劳动力的就业指向来统计的话，中国的城镇化比例早都已经超过60%—70%，农村已经没有可供继续能够转移的农村劳动力。

复旦大学金融市场与资本市场研究中心主任谢百三认为房价还会继续上涨。他表示“中国正在进入城镇化的高潮，中国农民进城后，如果打算不走了，那就要买房子，买不起就是租，租就是分期付款的买，这种情况会造成对房子的需求巨大”。谢百三看好房地产的另外一个重要的理由是，“每年有600万大学生进城留城，也就是有300万个家庭需要住房，刚性需求很强烈。”

不过对于房地产的未来走势，全球信息提供商IHS的高级经济学家任先芳提供了第三种可能性，她认为："对于中国房地产市场不要说得太满，最可能的结果既不会崩溃，但也很难超越2009年的高点"。

任先芳进一步解释，目前房价可能已经到了一个拐点，但是并不意味着立刻崩溃，应该还有很长的时间可以走。比如日本在20世纪70年代的时候，住宅投资占GDP超过9%，这是日本的历史峰值，但是这并不表明日本的房地产市场就止步不前了，其实日本的房价是从20世纪90年代初期的时候才开始下跌的。对于中国而言，2009年的房价高峰可能是不可逾越的，房地产在国民经济中的地位已经很难回到2009年的巅峰时期，这样的黄金十年很可能只能出现一次。

有关房价，2012年最引人瞩目的当属任志强与牛刀关于2013年房价涨跌之争。

牛刀在微博叫板：2012年3月后，房价泡沫破灭。

华远地产股份有限公司董事长任志强则针锋相对地表示：2013年3月份后将会出现房价暴涨。任志强的理由是从2005年、2006年土地供应下降看到了2007年房价出现暴涨；2008年、2009年土地负增长导致2010年房价上涨，而2012年的统计持续了土地负增长，这类似于2009年的持续负增长，因此后一轮紧跟着就是房价暴涨。任志强对房价暴涨的解读是房价增长高于同期收入增长。

其实，2013年楼市和股市能否抄阶段底？很大程度上取决于未来中国能否坚持把城镇化作为拉动经济的动力？若答案肯定，那么房地产市场就能再度复苏，作为经济晴雨表的股市就会率先走出跌跌不休的泥潭。资产泡沫将继续吹大。若答案为否定，将直接捅破资产泡沫，股市房市都会陷入长期低迷。

从这个意义上，任志强与牛刀关于2013年房价涨跌之争，在2012年中央经济工作会议宣布把城镇化作为拉动经济的动力时，已见分晓。

但是，未来A股大底及房价大底，或许要像日本股市那样，经受房地产泡沫破裂的考验才能确立。

## 第二节　美元不见顶，A股不见底

许多学者一直担心中国最大的风险是房地产泡沫会像1990年的日本房地产泡沫一样破裂。殊不知A股泡沫很可能已像1990年的日本股市泡沫一样破裂。现在，最大的问题是A股是否会像日本股市一样持续了20年的熊市？值得注意的危险信号有二，其一，A股与人民币汇率已出现，类似日经指数与日元汇率的先同向后反向的现象。其二，2005年以来美元指数与A股一直呈高度负相关。而美元指数在经历了2001年—2008年的7年下跌，以及4年底部震荡后，很可能进入持续多年的反弹，这意味着A股很可能进入长期熊市。

2005年以来美元指数与A股一直呈高度负相关。其间，美元指数大顶或大底对应A股大底或大顶，美元指数阶段顶或阶段底对应A股阶段底或阶段顶。

1949阶段底未来被其突破方式为两种，第一种直接启动反弹，2013年年初在78.4－79结束调整，进入反弹周期，突破2012阶段顶81.45并可能挑战2012最高点84。第二种先调整再启动反弹，2013年年初向下突破2012最低78.4，在74附近结束调整，而后进入反弹周期。不管哪种方式美元指数都会突破2012高点，与之对应，A股都会考验1949阶段底。

显然，第一种可能远大于第二种。因为美元指数主要取决于占50%权重的欧元、占15%权重的日元，尽管希腊违约风险化解，但意大利、西班牙风险犹存，且欧洲经济2013年步入衰退，显然，不支持欧元继续大幅走强。而日元在长期升值后2012年出现的反转走势则支持美元指数走强。

美元指数与A股负相关的机理是，美元指数下跌，引导热钱流入包括中国在内的新兴市场，放大泡沫。美元指数上涨，引导热钱流出包括中国在内的新兴市场，挤破泡沫。2009年3月QE1推出，美元指数88-74，对应A股从2037涨到3478，涨70%。2010年5月QE2推出，美元指数88-72，对应A股从2319涨到3186，涨37%。2012年9月QE3推出，84-79.5，对应A股1999—2138，2012年12月QE4推出，81.45-79对应A股1949—2444。

当然，更值得注意的是，美元指数在经历2001年—2008长达7年下跌，2008年—2012年4年震荡后，出现持续大幅反弹的杀伤力。

2012年12月4日A股创1949新低后，出现年内罕见的持续放量上涨走势，5个交易日最大涨幅139点，短期涨幅逾7%，为2012之最。这是熊市反弹，还是牛市反转？多头大喝牛市来了，甚至罗列基本面、技术面、市场面诸多依据。其实，这些所谓依据，不足以构成导致A股反转的实质利好。既然2005年以来美元指数与A股一直呈高度负相关，美元指数不见大顶，A股何来大底？

### A股熊市会持续20年吗

2005年7月人民币汇改，因此，2005年998-2007年6124大牛市，某种意义上是汇改行情。这也符合新兴市场的共同规律，即本币汇率升值，本币资产应升值，故而导致热钱流入，购买本币资产，股市上涨，反之亦然。即本币贬值，本币资产应贬值，故而导致热钱抛售本币资产并流出，股市下跌，这是一个汇率与股市同向运行的完整逻辑。

然而，这一逻辑无法解释美国、日本、中国为何都经历了汇率与股市先同向、后反向的过程。尤其是2008年以来人民币一路升值，A股一路下跌。与1990年以来日元持续升值，日股持续20年熊市有几分相似。

这其中奥妙是什么？问题在于，其一，本币升值，热钱不一定流入，甚至可以流出，比如2008年人民币加速升值，热钱加速流出，A股大跌，其二即便本币升值，热钱流入，热钱也可不买本币资产。如2012年9月QE3导致热钱流入，A股照跌至12月初1949。直到QE4出台，热钱才开始明显流入A股，导致12月井喷式反弹。但由于此次热钱流入，仅为套利而来，而非看好中国经济。因此，行情持续性有限。

汇率，是一国货币对另一国货币的价值，反映的是金融市场中一个国家的国际地位，汇率与本国的经济、政治等因素密切相关，从美国、日本、中国三国的汇率与股市走势分析来看，本币汇率与本国股市均成阶段性同向与阶段性反向的复杂关系，但A股却与美元指数有明显负相关。鉴于人民币汇率与A股关系复杂，因此，选择美元指数作为A股汇率参照系。

**美元汇率与道指先同向后反向的关系**

下页图分别为1990年11月至今的道指和美元指数月K线图。如图所示，美元指数与本国股市道琼斯指数之间，经历了先同向、后反向的过程。

可以看到，以2000年—2001年这段时间为分水岭，在此之前美元指数与道指基本维持正相关性，从1990年11月至2000年1月9年多时间里，美元指数从72升至121，涨幅达68%，道指也从2420点涨到11500点，涨幅约475%；此后二者出现背离，道指走高并在2007年10月创历

图2-2　1990年11月至2012年12月美元指数月K线图

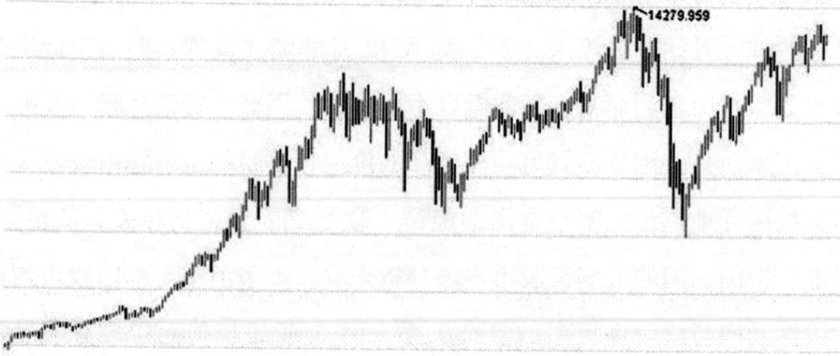


图2-3　1990年11月至2012年12月道指月K线图

史高点14279点，上涨24%，且2013年4月再创历史新高14887后维持高位震荡。而美元指数则从121一路下跌，并在2008年3月创历史低点70.68，下跌约42%，且至今仍在底部震荡，但底部呈不断抬高。

## 日元汇率与日经225指数先同向后反向的关系

日经指数与日元汇率也呈现出先同向后反向的现象，以1990年为分水岭。从1982年7月至1990年年初，两者同向，即汇率升值，股市上涨，其中美元兑日元汇率从277到130，升值53%，日经指数从7000涨到38957点，涨幅556%；此后两者也出现背离，日元汇率从130继续升值至2012年10月的75，与之对应，日经指数从38957下跌至9500点，跌75.6%，已经持续了20年的熊市。值得注意的是，随着2012年10月后日元汇率从75大幅贬值至100附近，日经指数强势回升至14000点附近。二者依然维持反向。

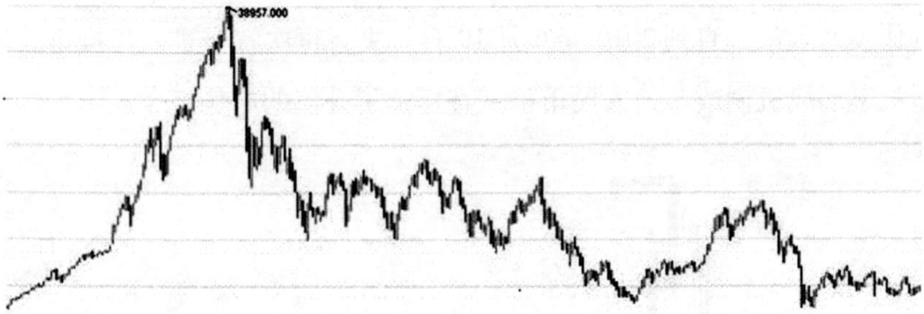


图2-4 1982年7月至2012年12月日经225指数月K线图

图2-5 1982年7月至2012年12月美元兑日元走势月K线图

## 人民币汇率与上证指数先同向后反向的关系

以2007年10月为分水岭，上证综指和人民币汇率也呈现出先同向后反向的关系，自人民币2005年开启汇改以来至今，人民币汇率一直在升值（除去2008年3月到2010年6月），而上证综指也是先涨后跌。

下页图为2005年11月至今人民币兑美元汇率月K线图，以及同期的上证综指月K线图。如图所示，从2005年7月至2007年10月，大盘从1100点左右涨到最高点6124，涨幅550%，同期人民币汇率从8.08到7.46，升值约7%；2007年10月至2008年3月，汇市与股市形成背离，大盘在2007年10月形成历史高点6124点后开始下跌，步入熊途，而人民币在这6个月的时间里继续升值，7.46升至7.01。

从2008年3月开始，出于应对金融危机的对策，人民币再次实行盯住美元政策，直到2010年6月19日，央行再次宣布进一步推进人民币汇率形成机制改革，人民币也一直延续了升值的趋势至今。

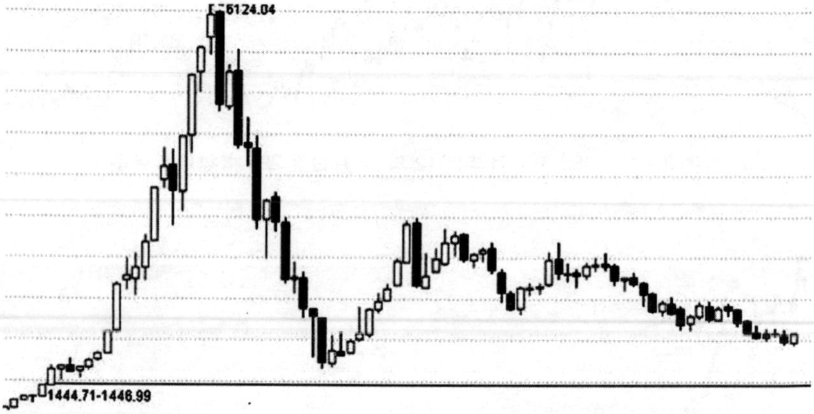


图2-6　2005年11月至2012年12月上证综指月K线图

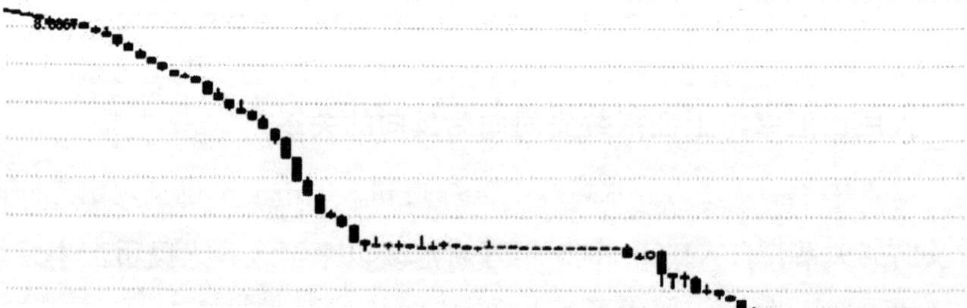


图2-7　2005年11月至2012年12月人民币兑美元汇率月K线图

此后，除去2010年6月至2010年11月短短5个月的时间两者再次正相关外（人民币汇率从6.8升值到6.69，与此相对应，上证综指也从2319涨到3186），人民币汇率和上证综指走势再次形成背离，汇率仍然在升值，上证综指也仍然在下跌，从2010年11月至今2012年12月，人民币汇率从6.69升至6.21，升值约7%，而同期上证综指从3186跌到1949，下跌约38.8%。

值得注意的是，2005年以来A股与人民币汇率走势与1982年以来日经指数与日元汇率走势高度相似。由此而来的问题是，已长达5年的A股熊市会持续20年吗?

### 美元指数：神奇的A股反向指标

已长达5年的A股熊市会持续20年吗？要回答这一问题，某种意义上取决于美元指数未来何去何从。下面数据显示，美元指数，堪称神奇的A股反向指标。甚至可以断言，美元指数已操纵A股走势。

以下数据显示：2005年998以来，美元指数8顶对应A股8底，前4底均为大底，至今未被有效击穿。后4底有3底被有效击穿。

美元指数大顶：90.58（2005.6）、92.78（2005.10）、88（2008.10）、89（2009.3）、88（2010.6），美元指数阶段顶：81.78（2012.1）、84（2012.7）、81.45（2012.11）。

分别对应上证指数大底：998（2005.6）、1004（2005.729）、1664（2008.10）、1814（2008.12），上证指数阶段底：2319（2010.7）、2132（2012.1）、1999（2012.9）、1949（2012.12）

以下数据显示：2007年6124以来美元指数底均对应上证指数顶，美元指数8底对应A股8顶，前6底均对应A股大顶，至今未被有效击穿。仅1顶被有效击穿。

美元指数大底：75（2007.10）、70（2008、2）、74（2009、10）、75.6（2010.11）、72.7（2011、4），美元指数阶段底：78.2（2012.2）、79.79（2012.9）、79（2013.2），分别对应上证指数大顶：6124（2007.10）、5522（2008.1）、3361（2009.11）、3186（2010.11）、3067（2011.4），上证指数阶段顶：2478（2012.2）、2145（2012.9）、2444（2013.2）。

综上，从长期来看，美元指数与A股两者负相关性明显，只是在对应时间上有所偏差。时间误差不超过两三个月。

### 2013年强势美元悄然回归

现在的问题是，2001年—2008年美元指数的超长期下跌已历时七年，跌幅40%，又经历四年底部震荡，如果美元指数进入长达三至五年的强势反弹甚至反转，那么A股是否会进入长期熊市？

种种迹象表明，强势美元已渐行渐近、难以抑制，一方面，基本面上，美国经济正处于缓慢复苏阶段，尤其是房地产行业的不断好转和就业率的不断提升，美元指数走强具备基本面的支持；另一方面，美元利空即将出尽。美国从QE1到QE4对美元的杀伤力度也越来越弱，至于财政悬崖及债务上限问题最终肯定也会以两党的互相妥协达成协议为最终结果。两党已经达成共识要尽快解决。强势美元回归的最大动力是，十几年弱势美元制造全球资产泡沫完成后，该轮到强势美元挤泡沫了。挤泡沫首当其冲的是中国。

而从技术分析来看，美元也具备走强的基础，三次量化宽松的美元指数底部没有跌破73－75的区间，QE1推出美元指数的低点为74.18，QE2推出后的低点为73.03，之后OT1推出后的低点73.52，QE3、QE4推出后的低点79，底部不断在抬高，而78附近向上突破后已经有3次回试获得了支撑，而目前美元指数的似弱实强，倒像是在等美国财政悬崖债务上限的最终结果，一旦揭晓，美元指数或应声走强。

另外，从周K线来看，美元指数正处于三角形整理的末端，上轨为连接88.7（2010年6月）和84.1（2012年7月）的连线，下轨为连接72.6（2011年5月）、74.7（2011年10月）、78.5（2012年9月）、78.9（2012年10月），可见，这个三角形下轨支撑作用还是较强，一旦三角形整理选择方向突破，威力也是很大，至于突破的方向，从以上分析得出向上突破的概率较大，突破的时间，一般三角形整理的突破时间不会超过2条趋势线的交点，而经过测算，2条趋势线的交点指向2013年5月。截至2013年4月美元指数已突破三角形上轨。

图2-8　2009年12月至2012年12月美元指数周K线图

**A股大底须接受资本外逃的考验**

未来中国最大的金融风险来自强势美元回归与人民币大幅贬值，二者一旦共振，或成为大规模资本外逃的导火索。未来A股大底须接受大规模资本外逃的考验。

人民币兑美元汇率从2005年汇改至今，累计升值已经约23%，并且在2012年11月多次出现人民币即期汇率涨停现象，但不容否认的是，未来人民币有面临大幅贬值的风险。

首先，一国汇率最终还是要看经济基本面，而目前中国经济仍面临长期下行风险。国内经济长期走势取决于经济转型的成效。而经济转型从十五大就开始提出，到现在十五年过去了依然没有实质进展，因此中国经济有长期面临下行的风险。

其次，从大国博弈角度来看，诸多国际重大事件背后都少不了美国的影子，为什么欧元成立之初就爆发科索沃战争，欧元区不断壮大后欧债危机愈演愈烈，为什么正当中日韩启动三国贸易本币结算时爆发钓鱼岛事件？要说事件爆发如此巧合，而没有人为因素，是很难让人信服的。

最后，提防强势美元回归与人民币大幅贬值共振风险。本世纪前十年的弱势美元推高了中国经济高速发展的成本，加大了发展的水分和泡沫，未来如果采取强势美元的货币政策将会使中国面临金融危机的风险，因为强势美元将吸引国际金融资本回流美国，大量热钱从中国撤离将直接导致人民币贬值，同时，国内的金融资本和产业资本也有大幅流出的可能性，中国十年高速发展所累积的泡沫将被无情戳破。

尤其要警惕强势美元时代导致A股长期熊市的风险。这一风险的运行机制是：

其一，套利机制。从2005年开始，美元的涨跌对于A股的走势有着很强的负相关性，每次美元的反弹都对应着A股的下跌，反之亦然。这就说明了国际热钱在中国市场存在套利行为，未来一旦美元反转，由于资金的套利行为，境外金融资本为主体的热钱可能就会大量地流出A股市场。尤其是股指期货及转融通便利于做空套利。

其二，定价机制。美元作为全球资产的风向标，一旦美元出现反转，那么就意味着其他国家的风险资产就会贬值。对于中国来讲，美元反转，意味着人民币汇率相对贬值，加上人民币汇率主动贬值风险，对应的人民币资产面临向下重估的风险。这可能颠覆998牛市的重要基础——人民币升值带来人民币资产向上重估。导致热钱大量流出A股引发崩盘，进而给境外产业资本进场抄底的机会。

## 第三节　债市不见顶，A股不见底

1949井喷的重要动力是A股估值与欧美股市接轨。其实，A股合理估值理应更低。

众所周知，股市合理市盈率为基准利率倒数，基准利率下降意味股市合理市盈率大增，利好股市。反之，基准利率上升则意味股市合理市盈率大降，利空股市。与欧美日零利率大幅提高股市估值成为对照，中国基准利率高企、社会利率飙升，自然导致A股合理估值大幅下降。熊冠全球自有合理性。除非，2013年中国债市（包括信托、理财产品市场）出现严重违约事件，导致资金从债市流向股市。否则长期以来的牛债熊股现象难以改变。

作为A股反向指标的中国国债指数、企债指数2012年以来迭创历史新高，并无见大顶迹象，A股何来大底？

从历史经验看，股市与债市走势都受制于利率。降息对股市与债市都是利好，加息对股市与债市都是利空。由此带来的最大问题是，为什么2007年10月以来A股一直处于历史上最长的熊市，而中国债券市场一直处于典型的牛市？如何解读这一长期的牛债熊股现象？

近年来A股估值不断创历史新低甚至比欧美股市还低。其重要原因在于，尽管中国央行存贷款利率下降，但一方面与欧美日零利率相比中国利率仍高很多，这是否意味着A股合理市盈率应低于欧美日股市？另一方面以银行理财产品及民间借贷为代表的社会利率不断上升，若以社会利率替代央行利率为基准利率，是否意味着A股合理市盈率更要大降？可见，A股独立走熊有合理基础。

慢牛投资公司董事长张化桥在其新书《避开股市的地雷》中指出，最近几年，两股势力一直威胁着股市。其一是信托产品和银行理财产品大幅增加，其二是小额贷款、典当、民间借贷、私募债券大幅增长。张化桥认为，对于股民而言，这两股势力意味着购买股票的机会成本在上升。虽然中短期内利率不会实现市场化，但社会利率的加权平均数正不断上移，这对股市的估值形成威胁。张化桥预计，这一趋势在未来还会加剧。

## 中国超长期的牛债熊股现象何时是尽头

首先，讨论股市与债市的关系。一方面A股长期熊市跌跌不休，另一方面债券长期牛市，二者究竟是不是跷跷板？

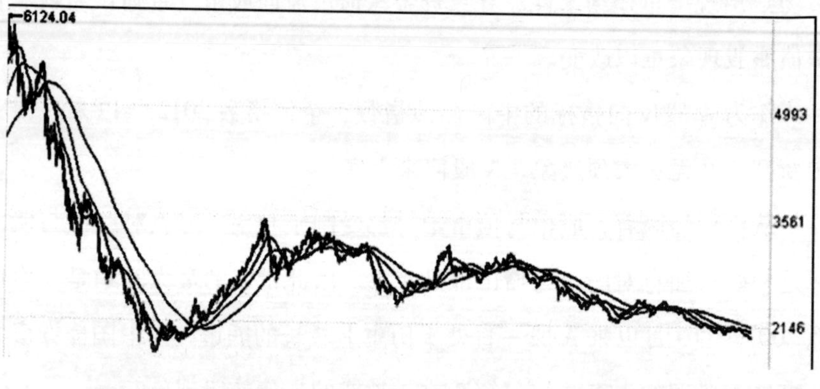


图2-9 A股沪指走势（2007年10月16日-2012年12月4日）

如上图所示，截止到2012年12月4日，上证指数最低下探1949点，已经较2007年10月16日的历史高位6124.04点下跌达68.2%。

同一时间段内，国债指数从109.94点上涨至135.71点，涨幅

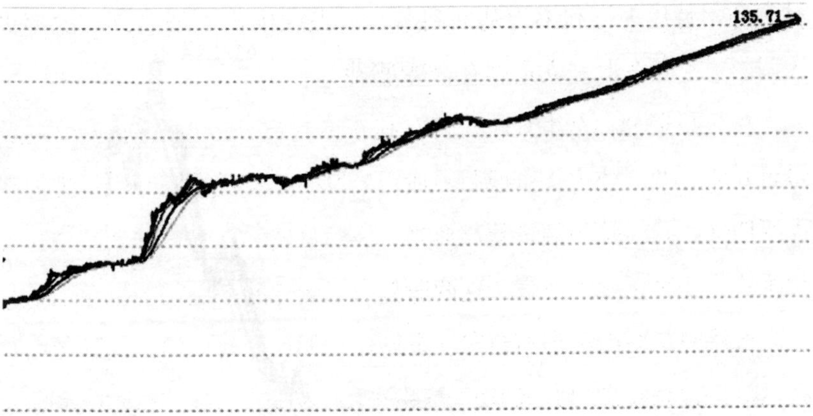


图2－10　国债指数（2007年10月16日－2012年12月4日）

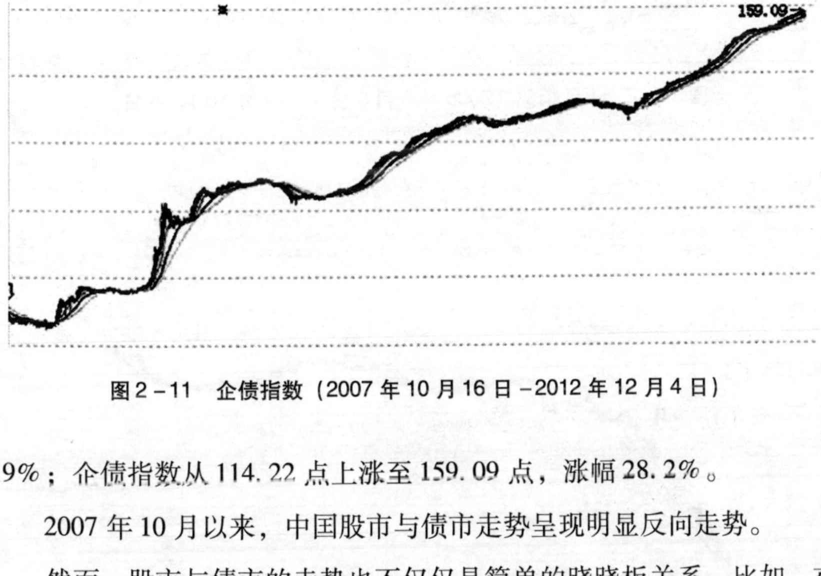


图2－11　企债指数（2007年10月16日－2012年12月4日）

19%；企债指数从114.22点上涨至159.09点，涨幅28.2%。

2007年10月以来，中国股市与债市走势呈现明显反向走势。

然而，股市与债市的走势也不仅仅是简单的跷跷板关系。比如，在2005年6月6日至2007年10月16日，上证指数从998点上涨到6124点，同期，国债指数从103点上涨至110点，企债指数从107点上涨至114点，涨幅分别为6.8%、6.5%。由此可见，从超长期角度，债市是超长期牛市，只是股市处于牛市时，债市上涨温和。

图2－12　上证指数（2005 年 6 月 6 日－2007 年 10 月 16 日）

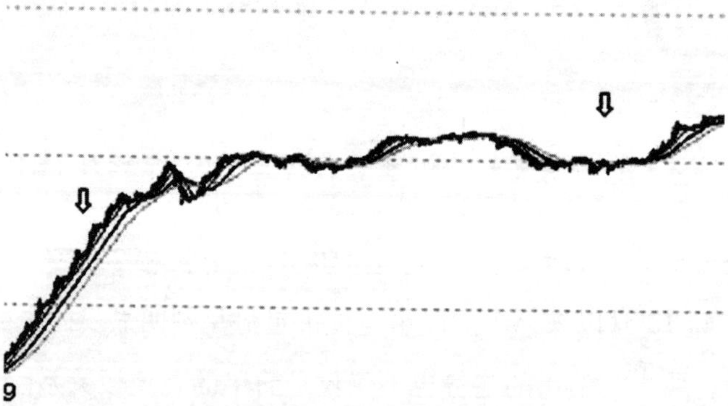


图2－13　国债指数（2005 年 6 月 6 日－2007 年 10 月 16 日）

下图，1990 年—2012 年道指走势图与美国十年期国债收益率走势图。如图所示，22 年来，道指与美国十年期国债都呈现长期牛市。在

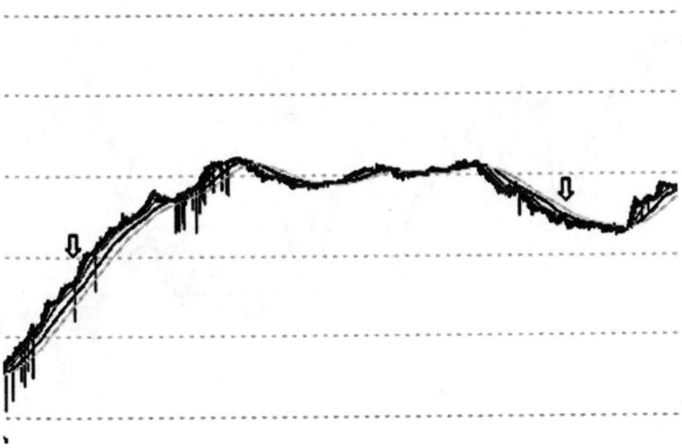

图2－14　企债指数（2005 年 6 月 6 日－2007 年 10 月 16 日）

美国十年期国债利率基本不变前提下，其收益率不断下降，意味着其价格不断上升。

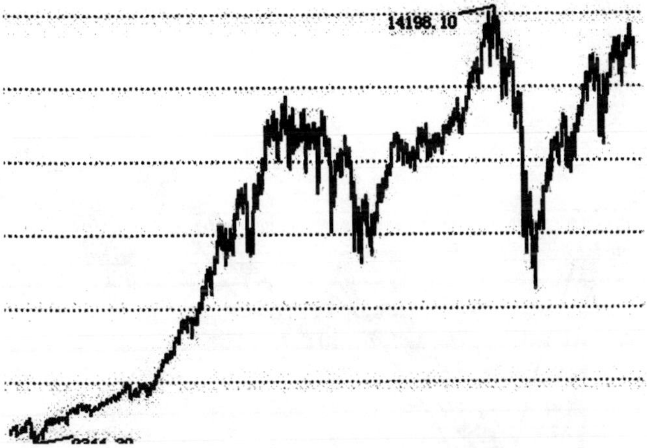


图2－15　1990 年—2012 年道指走势图

现在最大的问题是，股市与债市的关系。二者究竟是不是跷跷板？此外，还要回答一个问题，期市是不是债市的先行指标？

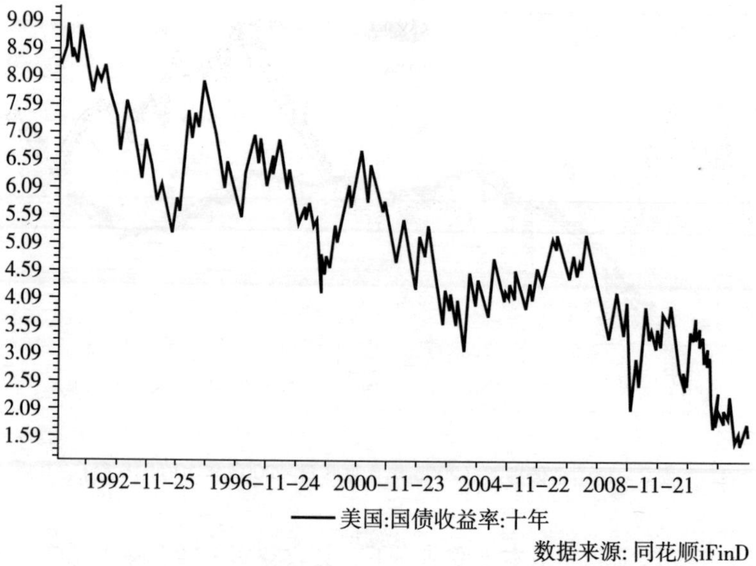


从下图五年来的道指走势图与 CRB 指数走势图可以看出，CRB 指数低点 322.53 领先于道指低点 6469.949，同样 CRB 指数高点 691.09 领先于道指高点 13661.87。

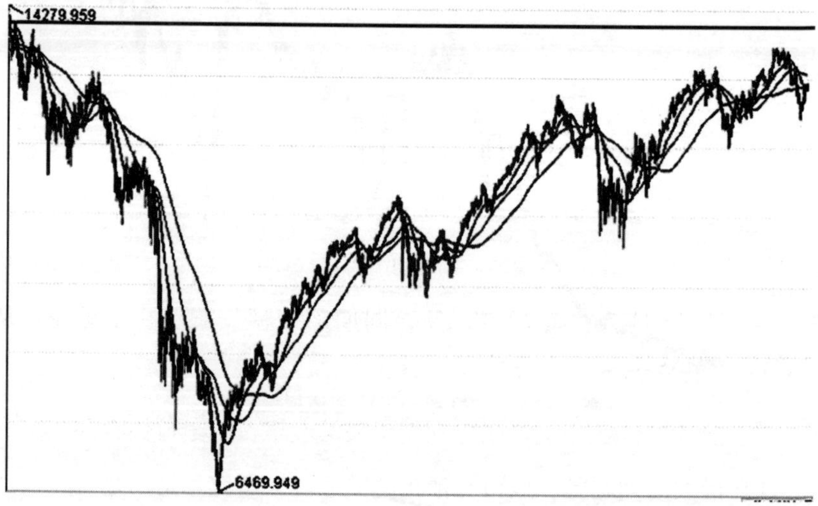


图2－16　道琼斯指数（2007 年 10 月 11 日 -2012 年 12 月 4 日）

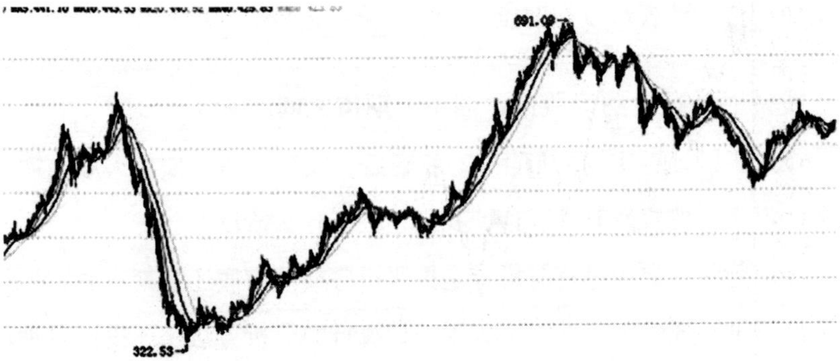


图2-17　CRB指数（2007年10月11日-2012年12月4日）

国内大宗商品市场与A股市场的联动性，表现之一就是期市、股市相关品种在同一时间段走出同向行情。

国内的股市与期市之间最简单的传导机制表现为：期货与现货商品价格——上游企业产品售价——上市公司业绩——股票价格。

通常而言，若期货品种价格上涨，表明A股市场上相关上市公司的盈利水平可能上升，并有助于推动股票价格上涨；反之，期货品种价格下跌，则表明相关上市公司的盈利水平可能回落，进而给股票价格带来不利影响。

如，2008年年底至2009年4月间，沪铜指数从22405的低点上升至41108点，涨幅达83.5%，同期A股有色金属板块指数从2359点升至4816点，涨幅104%；2008年年底至2009年3月间，郑糖指数从2858点升至3903点，涨幅36.6%，同期南宁糖业股价几乎翻番，从7.24元涨至14.41元。

同样的，期货价格走势往往领先于相关股票，二者走势存在一种先行、后行的联动关系。

需要注意的是，股市和期市并不是完全同步，短线甚至可能反向，但大体趋势一致就可以帮助投资者判定波段走势。

**投资时钟理论解读股市、债市、期市之间的关系**

今天中国证券市场可以用 12 字概括：股市长熊、债市火爆、期市入冬。那么，按投资时钟理论，我们正处于什么阶段？

如何判断当前的投资时机，是抄股市底或债市底还是期市底，还是股债期皆可抄或皆不可抄？可以用一种流行的分析方法——投资时钟理论加以分析。

美林投资时钟理论，按照经济增长与通胀的不同搭配，将经济周期划分为衰退、复苏、过热和滞胀四个阶段，每一个阶段都可以由经济增长和通胀的变动方向来确定，而每一个阶段都对应着某一特定资产类别：债券、股票、大宗商品或现金，该资产在相应阶段内的表现超过大市。

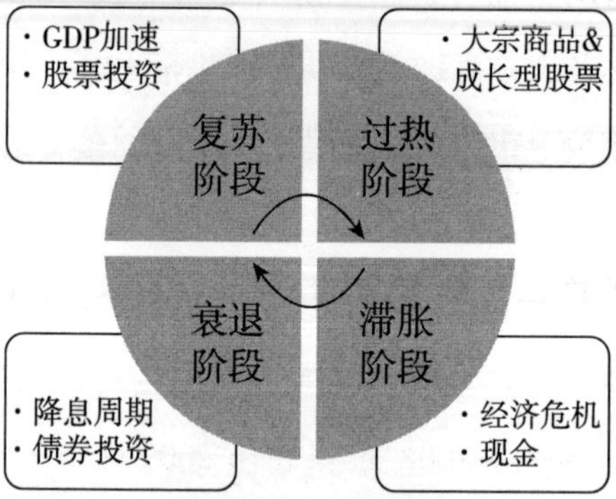


图 2－18　投资时钟

如上图，“经济上行，通胀下行”构成复苏阶段，在复苏阶段，经济刺激政策发挥作用，GDP 增长加速，企业盈利大幅上升，而此时利率仍处低位，此阶段由于股票对经济复苏的弹性更大，其相对债券和现金具备明显超额收益；复苏阶段股票相对收益率最好。

“经济上行，通胀上行”构成过热阶段，在此阶段，通胀上升增加了持有现金的机会成本，可能出台的加息政策降低了债券的吸引力，股票的配置价值相对较强，而商品则将明显走牛；过热阶段大宗商品相对收益率最好。

“经济下行，通胀上行”构成滞胀阶段，在滞胀阶段，现金收益率提高，持有现金最明智，经济下行对企业盈利的冲击将对股票构成负面影响，债券相对股票的收益率提高。滞胀阶段现金相对收益率最好。

“经济下行，通胀下行”构成衰退阶段，在衰退阶段，经济增长停滞，通胀率处于低谷，企业盈利微弱，央行降息刺激经济，进而导致收益率曲线急剧下行，所以，债券成为投资最佳选择。衰退阶段债券相对收益率最好。

国内某混合基金经理表示，股市与债市的走势关系大致为：经济开始衰退时，表现为牛债熊股，经济复苏时则逐渐转变为牛股熊债。经济处于底部时表现为股债双杀，近年来，中国股债双杀历史上发生过四次，分别是2003年8月到10月、2010年10月到12月、2011年6月到8月，2012年6月到8月。前三次的共同特征不在于经济增长，而在于通胀上升或者货币趋紧。而第四次，则担心经济增长下滑超预期。

因此，欲抄底A股，首先要判断：目前宏观经济是否正处于衰退和复苏之间的底部过渡阶段？或者债券市场是否已经步入“牛尾”？如果有迹象表明债券牛市进入最后的疯狂，就可能意味着A股的春天不再遥远。

但事实上，全球量化宽松、经济不景气背景下，目前国内货币政策还处于降息周期中，债市似乎并没有止住牛蹄的意思。

从历史经验看，股市与债市走势都受制于利率、宏观经济周期。比如经济衰退期，尽管降息对股市与债市都是利好，但债市首先反应。因为降息意味着新债发行利率低、收益率低，与新债相比，老债收益率提高，故债市上涨。但股市对降息利好反应迟钝。因为，经济衰退期，降息带来上市公司财务成本下降的利好不及业绩下降的利空影响大。

经济过热期，尽管加息对股市与债市都是利空。但同样是债市首先反应。因为加息意味着新债发行利率提高、收益率提高，与新债相比，老债收益率降低，故债市下跌。但股市对加息利空反应迟钝。因为，经济过热期，加息带来上市公司财务成本上升的利空不及业绩上升的利好影响大。

**从资金流向解读股市、债市、期市之间的关系**

按资金的风险好恶，股市、期市属风险偏好，债市属风险厌恶，因此债市可以成为股市反向指标。国际金融市场跷跷板效应，反映资金随情绪在风险偏好与风险厌恶间波动，在股债间游走。中国证券市场相当部分资金呈两栖作战的局面。比如风险偏好相对较强的热钱游资，既参与期货市场投资，也参与股票市场交易，比如风险偏好相对较弱的机构投资者，则既参与债券市场投资，也参与股票市场交易，与股市相比，中国的债市制度相对较为完善，而且其参与者以机构投资者居多，其市场趋势性更强。债市投资中的主力是保险基金、社保基金、银行的货币市场基金，这些资金多达几万亿，不会受到股市的影响，只放在债市里面获取长期利息。

当流动性过剩时，使股债期皆长牛。比较典型的是，2005 年—2007 年中国股债期全面上涨。反之，当流动性不足时，部分资金近年从股票市场流向期货市场、债券市场，也是造成 A 股持续下跌的原因之一。

比较典型的是，1994 年—1995 年国债期货出台，使国债市场火爆。股市持续低迷。今天，随着国债期货即将出台，十二五期间债券市场超越股票市场成为直接融资主角，债市可能更大程度上分流股市资金，从这一意义上讲，A 股何时见底可能为时尚早。

兴业银行首席经济学家鲁政委在 2011 年年底时就曾指出，“2012 年将是债券市场大发展的元年，债市发展也将成为人民币国际化的助推剂”。

而 2012 年 9 月 17 日，“一行三会”联合发布的《金融业发展和改革“十二五”规划》也明确表示，要积极发展债券市场，并对金融领域中债券市场做出了定位指引。

有统计数据显示，在 A 股疲弱的背景下，债券市场新债发行正在快速扩容，并成为各类企业直接融资的主渠道：WIND 数据统计，截至 2012 年 11 月 14 日，债券市场累计发行新债（不含央票）69658. 43 亿元，较 2011 年全年发行量已经增长 8. 74%。而 2012 年前 10 个月 A 股上市公司通过 IPO 及再融资共募集资金 3800 多亿元。同期内，各类企业在债券市场的融资规模约达到 A 股市场融资总量的 8 倍。10 月直接融资比例首次超信贷比例。

但是，对 A 股影响更大的不是债券，而是堪称准债券的信托产品与理财产品。有数据显示，截至 2011 年年末，信托产品资产规模达到 4. 81 万亿元，较 2003 年末增长近 30 倍，而银行理财产品发行规模更是达到 16. 49 万亿元，二者总计规模约达到 21. 3 万亿。而截至 2012 年 11 月 16 日 A 股总市值仅 20. 7 万亿元。

信托和理财产品规模的不断扩张，也可能对股票市场资金起到较大的分流作用。

期货市场也会分流股市资金。近年来期货市场发展迅猛。2010 年、

2011 年全国期货市场成交额 300 万亿元、137 万亿元，即使平均以 10%的杠杆率计，实际保证金成交金额为 30 万亿元、13.7 万亿元，而 2010 年、2011 年、2012 年，沪市累计成交金额分别为 30.8 万亿元、23.9 万亿元、16.4 万亿元。

综上所述，鉴于近年来中国经济增长处于下行期，进入 2012 年 11 月期市成交呈罕见低迷，在确认 A 股先行指标期市见底前，不轻言 A 股底部。此外，目前债市仍处超长期慢牛，理财产品分流大量资金，使 A 股长期处于流动性不足，经济不景气与全球量化宽松背景下，央行只会降息不会加息，债市牛市暂无隐患，只要债市未见顶，A 股抄底为时尚早。

## 第四节　欲抄 A 股大底，先抄 B 股大底

2013 年 1 月 18 日道指收盘 13650，创近五年新高，1 月 21 日深证 B 股收盘 799.3 点，恒生指数收盘 23590、均创 2011 年 5 月以来收盘新高，这是否意味着作为 A 股指数代表的上证指数，将在 2013 年一季度突破 2012 年最高点 2478？未必。

2007 年以来，尽管美股、港股与 A 股几乎同步于见牛市大顶，并且同步见大底反弹，但从 2010 年起美股、港股就与 A 股分道扬镳了。因此，美股、港股即使已步入新牛市也与 A 股无关。但是，若美股、港股 2013 年大幅调整，一定会把 2012 年 12 月才跟随海外股市补涨的 A 股拖下水。因此，美股与港股也不能视为 A 股的风向标。

同样，历史上，B 股曾一直是 A 股风向标。无论是 2245、6124，3067 大顶，998、1664 大底，还是 2319、2132 阶段底，B 股几乎均与 A

股同步见顶或底，误差不超过1个月。

但是，从2010年起B股走势远强于A股。因为，深沪B股2010年低点并未有效下破。而A股2010年低点2319早已有效击穿，直到2012年底仍未站在2010年低点之上。

此外，决定B股大底的关键，是B股作为最后的历史遗留问题的解决方案是否令市场满意？而这一解决方案尚无时间表。

**B股是A股的风向标与价值基础**

从短中线操作而言，我们对近年来大资金利用国际板传言打压B股带动A股下跌的手法更为关注。从2012年7月25日跌4.7%，7月30日跌5.64%，7月31日最大跌4.9%的下影线，对于7月底A股2132钻石底破位作出重要贡献。

值得注意的是，2011年4月27日和6月9日，B股借国际板传言曾出现过两次暴跌，跌幅分别为5.33%、7.9%，拖累A股跌破关键技术位，而前者确立了A股3067点启动的大级别调整走势，而后者则使得A股市场的加速下跌。2011年11月30日，上证指数暴跌3.2%，B股更是以6%的跌幅破位，宣布2536反弹结束。

资深私募人士花荣表示，B股一直以来也对A股的上涨和下跌起到了先行的作用，这是由于参与其中的机构具有对市场极强的判断力和对政策方向敏锐的把握能力，B股的破位暴跌对于A股的影响是非常大的，对此花荣表示，B股对A股的影响是分两个层面的，首先会在心理上对A股产生极大的影响，另外从历史的经验看，在单边市场中B股的走势对A股会起到领先的作用，因此今日的暴跌，从这两个层面上对 A 股产生了极大的影响。

某种意义上，B 股是 A 股的定海神针与价格基础。尤其是管理层对 B 股市场的最终解决方案是否为市场认可，将决定 B 股大底能否形成、何时形成。

“B 股历史上与 A 股的关系一直是一荣俱荣，一损俱损的关系。”联讯证券首席经济学家文国庆表示，“历史上，人们通常是将 B 股见底看做股市见底的标志。所以才有个说法叫‘上涨看 A 股，下跌看 B 股’。上涨的时候 A 股通常都一路领先，而在下跌的时候 B 股通常都率先触底，也就是跌不动了。”鉴于 B 股股价最低、估值最低且市值不足 A 股百分之一，因此，大资金往往利用 B 股下跌拉动 A 股下跌。反之亦然。

值得注意的是，B 股不仅是 A 股的风向标，也是 A 股的价格基础。

在当前内地股市，股价最低的板块就是 B 股板块，甚至于比长期亏损的 ST 板块股价都要低。目前内地上市公司股价低于面值的，只有 B 股。

人们常说，熊市消灭高价股，牛市消灭低价股。当牛市初期时，率先上涨的是低价股，牛市末期时高价股补涨。当熊市初期时，率先下跌的是低价股，熊市末期时高价股补跌。无论牛熊的完成，最终都是价格体系重建完成为标志。可见，如果作为价格体系基础的低价股跌跌不休，熊市则遥遥无期。

如今这轮长达五年的超级熊市，几乎让百元股都走下神坛，只剩茅台独领风骚了，但如果 B 股这样的最低价股依然跌跌不休，找不到底，那么 A 股同样找不到底。

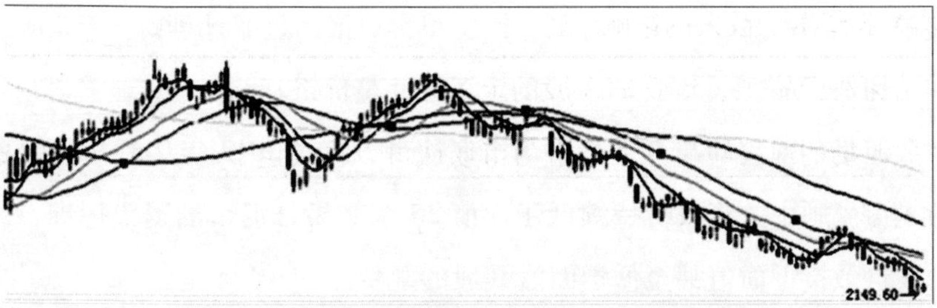


图2－19　上证A股2012年日K线走势图

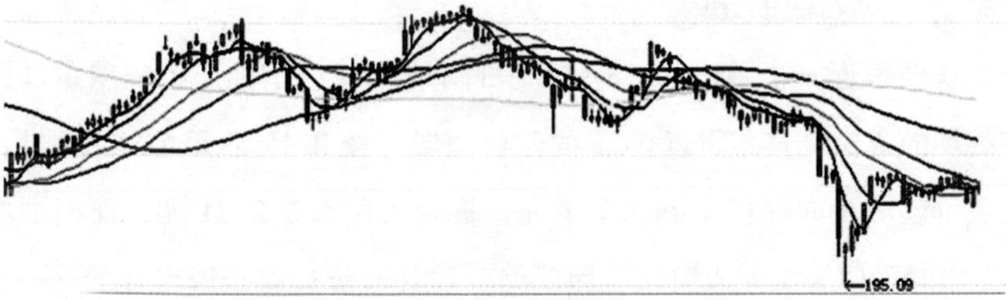


图2－20　上证B股2012年日K线走势图

## B股大底与价值无关，与制度有关

可以预言，作为内地股市股价最低、估值最低的板块，B股市场的未来大底，应与估值无关，只与制度有关。

自B股市场创办以来，无数机构和专家提出，B股比A股更有投资价值。因为，相对A股，B股的股价更低，而且价差常常达到一倍以上，基于同股同权就应同价的道理，B股与A股的比价，应参照H股与A股的比价，价差有限。并且，由于B股股价低，所以市盈率低，风险应该比A股要小。此外，投资B股不仅能得到比A股更多的分红收益，还有可能在未来解决B股问题时得到更多的回报。基于此，曾有多个机构推出过专门针对B股的投资产品。如建设银行推出面向B股的银行理财产品——宝 B 计划，民生银行也推出过非凡理财——B 股挂钩结构性产品。

但是，现实却与 B 股投资者开了个大玩笑。2012 年 7 月 7 日出台的退市规则中关于股价持续低于面值 20 个交易日退市的退市标准，成为股价最接近面值甚至低于面值 B 股的噩梦。

闽灿坤 B 由于可能率先达到这一退市标准，7 月 23 日起以连续八个跌停领跌 B 股，其最后一个交易日 8 月 1 日的收盘价是 0.45 港元。由于对退市制度的恐慌，两市 B 股遭遇到历史上罕见的持续大跌，成为击穿 2132 钻石底的元凶。

在停牌近一个月以后，8 月 25 日闽灿坤 B 终于推出了一项足以扭转乾坤的举措，宣布将以 6∶1 的比例缩股。按 0.45 港元 6∶1 缩股后，其股价就“反向除权”到 2.7 港元，折合人民币是 2.21 元，而闽灿坤 B 上市时面值为 1 元人民币，因此缩股后其股价远高于退市标准——也就是说闽灿坤 B 已经消除了退市风险。

同日，深交所发布了一篇声援闽灿坤 B 的新闻稿。深交所表示，此次闽灿坤 B 推出缩股方案，在经过股东大会、债权人及政府相关部门等环节批准实施后，将有助于公司维持上市地位。

尽管投资者对于闽灿坤 B 大股东翻手为云覆为雨的做法——先表示对退市一事无能为力，继而又以 6∶1 的缩股维持上市地位——很不满意。但闽灿坤 B 终于避免因股价持续低于面值退市了。但是，摆在市场监管部门面前的，关于 B 股的整体解决方案这一问题显然更加棘手。

### B 股的历史遗留问题何时解决

B 股的悲剧并非偶然，这是与其在设立之初就存在的定位有很大关系。B 股设立的初衷是为企业吸引外资服务，当时尚无 QFII 等投资模式，外资想投资中国内地的股票市场，只能通过B股，其功能定位也是在于融资而不是投资。之后随着中国内地企业海外上市、外企发行A股、QFII、QDII等手段的引进，B股市场初始的外资融资功能实际上已经终结。

但是由于长期以来外资对B股参与度低，市场交投非常不活跃。因此，在2001年6月1日，内地居民被允许投资B股。管理层此举本意是提高B股的流动性，增加市场的活跃度，但不幸结果是最初热炒B股的内地股民，为场内外资解套，自己一度全线套牢。其后，在2007年牛市中B股与A股同创历史新高，但B股长期交投不活跃的格局并未改善。当时，管理层的思路是，等待资本项目开放后再来解决B股最终出路。

而在B股市场向境内投资者完全开放的11个年头里，中国证券市场发生了巨大的变化．最大的历史遗留问题股权分置基本解决，随着创业板、股指期货相继问世，随着三板、国际板即将问世，中国多层次的证券市场初具框架。而B股则在等待最终出路中被完全边缘化。在这种情况下，解决B股这一历史遗留问题已经势在必行。而之前，中国证监会主席郭树清多次在调研时都称：要“研究解决”B股问题。

**B股能否见大底的关键**

B股解决方案是B股能否见大底的关键。正如之前所分析的，B股市场的历史使命已经完成，如今的问题是如何让B股体面而稳妥地退出历史舞台，但如何解决这一问题，各方对此尚存众多分歧。

不过，众多专家表示，为了保护这些投资者的利益，目前B股市场的问题并不应找出各种理由来迫使B股公司退市，也不是允许B股公司通过缩股等方式来保住上市资格，而是对B股市场与B股公司的去向要有一个统一的安排。

综合各方面的意见，未来解决B股历史遗留问题将可能采用三种路径：同时发行A股和B股的“A+B”公司可采用B股转H股上市的方式；B股直接转A股的方案；变相转A股的方案。

路径1：B股转H股只适于极少数蓝筹公司

2012年12月19日，中集集团B股转换上市地以介绍方式在香港联交所主板上市及挂牌交易。中集集团开创国内资本市场A+B转A+H先河，也将为目前身处窘境的B股市场开创一种全新的发展模式。

专家认为，B股转为H股上市，是比较好的举措。因为港股标价、估值都跟B股接近，相对内地资本市场，港股上市尽管发行价和融资额度相对较低，IPO审核门槛较低，流程较简化，B股转换H股是一种方向，但对B股投资者而言，其长期投资亏损未必能得到补偿。

当然，实施B股转H股这项方案，只限于中集、万科等极少数蓝筹公司。

路径2：A、B股合并适于大多数公司

尽管A、B股合并是B股投资者最企盼的方案，也是实施难度最大的方案。

从逻辑上讲，只要B股能够成功转成H股，那么B股转A股是不是也能顺水推舟推出？逻辑上行得通，并不等于实际上能行得通。毕竟A股市场和B股市场是两个分割的市场，中间隔着一道“柏林墙”。两个市场之间存在着流通障碍、货币结算和价格差异，以及交易规则的不同。有专家认为，要B股硬性转成A股，对A股投资者来说显然也有失公平。

特别是，目前市场对A股新股扩容规模十分敏感之时。市场对扩容已经不堪重负，仅排队等待IPO的公司就还有800多家。在此敏感时期，将大批 B 股公司转为 A 股上市，必然给 A 股带来较大压力。

此外，B 股直接转 A 股市场还存在 A 股尚未对外开放的制度障碍，以及原先 B 股投资者中的外国投资者如何处置的问题。

路径 3：变相 A 股上市方案

方案 a，纯 B 股公司自愿退市后重新 A 股上市。深交所表示，对于纯 B 股公司，“支持公司自愿退市，自愿退市后符合重新上市条件的，将优先安排其重新上市。”但是，自愿从 B 股退市的公司，若转道 A 股，是否还需要证监会发审委的审核，这似乎就是另一项 IPO 上市了，必然会产生诸多问题需要解决。

方案 b，还有专家建议，A + B 股公司是否可以参照股权分置改革的模式，由上市公司给 B 股投资者支付一定的对价，再把 B 股按比例兑换成 A 股股份。对价多少可以通过上市公司大股东、A 股股东和 B 股股东共同协商或投票表决。

方案 c，或者有专家指出，可以成立一种特种的 QFII 基金，专门解决 B 股转 A 股的问题。在一个封闭的循环内既解决了 B 股的身份问题，又让 A 股市场多一个参与者。

当前，事关 A 股投资者和 B 股投资者利益，任何一项不谨慎、不合时宜的政策都有可能给股市造成巨大的影响。

面对制度缺陷，二级市场的投资者无法用选票对管理层的股市政策说不，但却可以用脚投票——抛掉股票，远离股市。今年上半年就共有 22 万投资者销户，正是投资者对股市政策的失望。

由于 B 股市场上，广大的投资人已经遭受了巨大的亏损，而且这种亏损很大程度是由制度缺陷造成的，恐怕不能简单以风险自担为由，让 B 股市场自生自灭。

在管理层面临信任危机的今天，解决 B 股问题无疑是一次对管理层能否真正把投资者利益放在第一位的信任投票。

可以预言，对B股市场的最终解决方案是否最终为市场认可，将决定B股大底能否形成、何时形成。

如前所述，基于B股与A股的联动关系，B股大底一旦形成，则A股大底为时不远。

## 第五节　海外中国概念股：做空A股先行指标

2013年何时抄底A股？还要关注一个A股先行指标，海外中国概念股的走势。截至2012年底，海外机构看好中国看好A股。港股及H股更是牛气冲天，较2011年10月低点已大涨40%，逼近2010年11月高点附近。然而，2010年11月恰恰是海外中国概念股、A股与海外股市分道扬镳之时。2011年—2012年，海外股市一路震荡上行或强势震荡，而海外中国概念股则遭遇史无前例的做空狂潮，与之相伴的是，A股独立下跌。

如今报资者最担心的问题是，2013年是不是又要到酝酿新一轮做空中国概念股的时侯了。

### 恒大、新东方致A股破位

2012年6月21日，一家叫香橡研究公司的美国做空机构发布一份长达57页的报告，将目标对准了中国地产企业龙头之一的恒大地产，指责恒大账目失实。致恒大地产股价暴跌。21日、22日港股连跌两日，拖累A股跌破2242重要支撑位。

在2012年7月17、18日短短两天的时间里，新东方的股价腰斩。7月16日新东方收盘价还高达22.26美元，18日新东方股价收报9.5

美元。与之对应，7 月下旬 A 股跌破 2132 钻石底。

直到 2012 年 12 月 31 日新东方收盘价 19.43 美元，其间最高价 21 美元，仍未收复五个月前遭遇私有化危机股价崩盘前的收盘价 22.26 美元。

其实，这一切源于新东方 2012 年 7 月 11 日发布的一则“将简化股权结构”公告，公告称，新东方原有的 VIE 由 11 位股东持有，当中包括创始人、董事长兼 CEO 的俞敏洪。之后 10 位股权持有人先后离开公司，公司要求离开的 10 位股权持有人将股权转让给同一位股权持有人。毋庸置疑，接手者只有俞敏洪一人。7 月 17 日新东方公告称，美国证券交易委员会（简称 SEC）7 月 13 日对其发出了一份正式调查令。新东方说，该公司认为调查所关注的是其位于中国大陆的“可变利益实体”（VIE）的盈利是否可以合法地包括在上市公司的财务报表中。这一消息的披露，立即引发股价暴跌 34.32%。

紧接着 18 日，做空机构浑水公司又适时发布了针对新东方的质疑报告，并给予新东方强烈卖出的评级。同时，律师事务所 Bronstein, Gewirtz & Grossman, LLC 称，该事务所正代表新东方的证券购买者“就未来可能针对该公司发起诉讼的问题展开调查”。

受这些消息的影响，18 日新东方股价再次暴跌 35% 收报 9.5 美元，股价创出 5 年新低，而就在两天前的 16 日，新东方收盘价还高达 22.26 美元。

19 日，俞敏洪接受中新网采访时宣称：新东方没有私有化退市计划。

2012 年夏，浑水公司做空新东方。香橼唱空的恒大地产，只不过是 2011 年“中国概念股猎杀年”的继续。2011 年高峰时期，仅就在两个多月的时间里，就有 18 家中国公司被纳斯达克或纽约证券交易所停牌，4 家企业被勒令退市。

进入 2011 年以来，国际评级机构高频率唱空中国及中国概念股，与之对应的是，2011 年 3 月以来一批中国概念股被停牌或退市，引发在美国市场的中国概念股遭遇大面积抛售，到 6 月、7 月抛售风潮席卷到香港市场的中资股，2011 年 10 月港股 H 股跌破 2010 年 6 月低点，与之对应是 A 股跌破 2010 年 2319 点创 2132 低点。

值得注意的是，美国多家评级机构“唱空”中国概念股的依据，除了对中国的通货膨胀、产能过剩、房地产泡沫、地方融资平台四大担忧外，主要是对中国企业实施的会计准则及信息透明度缺陷横加指责，一时间，财务造假、信息披露不足使中国企业的诚信度遭到了严重质疑，这也是导致中国海外上市企业评级被降低的直接原因。

谁在做空中国概念股？是精心策划的阴谋，还是中国概念股确实存在严重问题？应当如何应对做空中国概念股风潮？

**祸起中概股财务造假门**

2011 年 3 月以来中国高速频道、盛大科技、艾瑞泰克等十几只在美上市的中国概念股被停牌或退市，这些公司的退市都是源于财务造假及信息披露违规，使得美国监管机构对其做出严厉的处罚，并引发了投资者对中国会计准则的怀疑。

然而，纳斯达克前中国首席代表徐光勋强调指出，2011 年年初退市的十几家中国企业并不是因为会计准则的问题，而是由于这些公司被查出作假账、管理不严格等问题，在公司的财务及管理方面没有做好。

“每一个企业都不要说假话，要敢于承认自己的不足，应该有一说一才行”，徐光勋对于中国企业出现的种种问题，也显得比较无奈，“这几年突然有一些中国企业出现作假账的行为，这才让国外的机构对在海外上市的中国企业给予了更多的关注，而且随着深入的调查，造假行为还不止一两个，在这个方面我们确实做得不好，让人家抓住了一个口舌，这才造成了现在的局面。”

问题是，极少数中国概念股因财务造假及信息披露违规被退市，为什么变成对海外中国概念股的全面围剿及大量抛空？

原因之一被归结于中国企业执行的中国会计准则与国际公认会计准则的差异。

**中国会计准则代谁受过**

纳斯达克前中国首席代表徐光勋表示，中国的企业要想在美国上市，就一定要通过并采用美国所认可的会计标准，目前在美国上市的公司必须要采用美国本土的会计准则或者国际财务报告准则 IFRS（IFRS，International Financial Reporting Standards 是国际会计准则理事会所颁布的全球统一的财务规则）。徐光勋指出，目前中国的公司所采用的 2006 年新的中国会计准则其实与这两个标准没有什么本质的区别，唯一的影响是采用国际准则可能会使运营成本上升，这是由于在财务审计期间，就一定要聘请具有国际准则资格的团队来执行，而且后续的软件费用也会相对较高，除此之外，并没有其他的影响。

对于中国会计准则与国际会计准则的差异，一位正准备赴港上市的公司高管表示，国内上市的公司一般采用的是 2006 年的新版中国会计准则，而目前包括香港在内的国际证券市场均都采用 IFRS 准则，这是一项全球都公认的标准制度，同时美国还有自己的一套美国会计准则，如果要是在美国上市，IFRS 和美国会计准则都是可以被接受的。而由于中国的经济发展模式及会计政策的原因，在企业管理力度及公司透明度上确实与国外还存在着一些差异，相对“模糊”的地方还是有的，但目前中国所采用的2006年新会计准则与IFRS已经非常接近了，差异并没有那么大。

然而，2011年7月18日，惠誉国际评级机构在一份名为《中国：管治和评级》的报告中，将35家中资企业列入观察名单，其中27家为香港上市公司。惠誉在其报告中称，与使用中国会计准则的公司相比，使用IFRS的公司持续作假账的难度更大。选用“四大”会计师事务所（德勤、普华永道、安永和毕马威）审计师的公司应会让投资者更加放心。

**评级公司落井下石**

财务造假案令中国概念股一夜间成为了华尔街抛售的对象。2011年在美国上市的12家公司中，有9家公司出现破发。而唱空即做空中国概念股的急先锋非浑水莫属。

美国公司浑水的创始人表示，“之所以成立浑水，就是要抓住那些试图浑水摸鱼的中国公司，并通过做空这些公司赚钱。”浑水发表的5篇研究报告东方纸业、绿诺、中国高速传媒、多远环球水务、嘉汉林业，都给予了强烈卖出评级，在报告发布后一月内这些公司的股价最大跌幅分别为51.7%、87.1%、37.9%、49%、79.8%。

而后是穆迪公司对49家香港上市的中国公司发出预警，使得42家公司第二天市值蒸发394亿港元，之后穆迪又借地方融资平台指责中国银行业存巨大隐患，令四大行遭到猛烈抛售，紧随其后的惠誉也对35家中资企业发出质疑。

对于穆迪等机构降低中国公司评级一事，徐光勋表示，穆迪等评级机构是独立的评估机构，他们的依据是公司所公布的信息，总的来讲，其实他们是不会“冤枉”一个真正的好公司的，如果上市公司做到信息及时披露、严格管理公司，这些评级机构是不会给出负面评价的，由于我们自身的原因，被人家抓住把柄也是很正常的。

对于外资唱空中国的目的，一位在知名企业中从事多年资本运作的高管表示，中国公司的现状绝对不像他们所说的那么坏，不过我们目前赴美上市的公司以民营企业为主，其中确实存在一些作假账的行为，但这并不代表全部的中国公司。自 2011 年以来，国际评级机构纷纷唱空中国，由于其影响力较大，给中国海外上市公司的股价造成了很大的影响，这是由于国外的很多投资者对中国是不了解的。这些“评级”对于投资者的影响是不同的，不同人的理解也是不一样的。无论是美国的浑水、穆迪，还是后来的惠誉，其实他都是一个独立的商业机构，按他们以往的操作惯例来看，都是利用唱空而产生“盈利”。

**做空中概股的始作俑者是美国证监会**

中国业内人士指责国际评级机构唱空中概股与对冲基金做空中概股，是“利益”的合谋。当然，如果确有合谋，那么似乎还应加上唱空中国通胀不可控可能硬着陆的索罗斯与让三家中国概念股摘牌的浑水公司。但是，三大评级机构之一的惠誉断然否认合谋之说。

惠誉负责亚洲市场的分析师表示，惠誉是市场上独立的第三方评价机构，公司及其所有员工禁止在其参与评级的任何公司中担任职位。惠誉严格秉承了这一报告发布的准则，以建立和增强公司的独立性，避免利益冲突。因此，我们不可能从我们的评论中获得任何经济利益，惠誉大部分的研究成果都免费与市场参与者共享。

然而，既然惠誉大部分的研究成果都免费，那么其作为评级机构的盈利模式是什么？这一问题惠誉并未回答。

与此成为对照的是，穆迪透露，其 2011 年二季度利润同比增长

50%以上，并称评级业务收入强劲增长。

其实，做空中国概念股的始作俑者是美国证监会。早在2010年12月，美国证监会就对赴美上市的上百家中国企业进行过调查，而重点就集中在借壳上市的企业。按美国审计局的说法，从2007年到2010年，在美国上市的600个中国企业中就有159个是通过借壳上市的方式进入股市，这正是调查的重点对象。而在2011年6月，美国证监会因未按时提交报表及财务造假等因素对四家中国企业提起行政诉讼。且2011年被停牌、摘牌的中国企业达十余家。美国证监会主席夏皮罗6月22日表示，美国证监会正与中国监管部门合作，以应对中国通过反向收购赴美上市公司出现的财务造假问题。

2011年美国证监会对中国企业打假如此不遗余力难道仅仅是偶然的吗？与3月美国市场的中国概念股遭遇大面积抛售，到6月、7月抛售风潮席卷到香港市场的中资股，有无关联？

国际会计准则理事会IASB主席Hans Hoogervorst表示，中国企业最近出现的会计问题，其实与国际会计准则并没有任何关系。我想中概股的问题，与两地会计准则的差异没有太大的关系，目前中国的会计准则与国际会计准则只有0.33%的差异，差异非常小，所以我不认为这是导致中概股问题的主要原因。公司治理问题可能相对更重要。中国目前并没有为完全遵守IFRS制定时间表，但是他们正在不断地努力以缩小差异，在一开始的时候，同一个公司的报表，用中国会计准则制定，和用香港的会计准则制定（香港当时已完全适用国际会计准则），一开始可以相差50% -60%，到现在，用两地会计标准制定的报表的差异大约只在0.33%，且百分比一直在下降。我知道中国正在尽最大的努力把差异缩小到零。要知道，美国用了七年的时间来适应IFRS，而中国只是用了18个月，这已经很不可思议。

Hans Hoogervorst 主席强调指出，这一次美国发生的中概股风波，很多也是由于公司是通过反向收购上市引起的，因为反向收购适用的会计准则会相对宽松好多，宽松到这些公司如果以此标准来到香港，他们甚至根本无法上市。

据悉，反向收购可以比正式 IPO 省掉许多审计的环节，这也是它如此流行的原因。

由此而来的问题是，数百家根本无法 IPO 上市的企业借反向收购在美国上市了，然后美国证监会再来严打这些中概股的财务造假问题，这看起来颇有先引蛇出洞再一网打尽的味道。这是阳谋还是阴谋，抑或二者兼而有之？

### 做空中概股引发的启示

海外做空中国概念股风波对中国企业究竟会带来哪些影响？

“出现这类事件，对中国也不能说是没有好处的”，上述高管表示，这些外国的评级机构对中国的唱空确实造成了一定的影响，但也并完全是一件坏事，这可能会对我们的公司起到一定的促进作用，可以促进中国企业管理体制的不断完善及提高我们的透明度。中国目前没有全球认可的评级公司，这是由于我们积累的还不够，如果在未来，中国也能够孕育出像浑水和穆迪一样公司，那么就能促进中国真正地走向“公开、公正、透明”，我们要想融入全球的资本市场，这方面的努力还是一定要做的。

徐光勋表示，降低一些中国公司的评级对整个中国企业的影响是很小的，在纳斯达克上市的大概有 150 家中国企业，而这些企业基本上都是民营企业，他们在中国庞大的经济体系中所占的比例非常小，唯一有影响的是对“中国”这个概念，这会给一些不了解中国情况的投资者造成心理上的影响。中国在美国上市的大多是中小企业，虽然质量并没有那么差，只是一般的企业都不能达到美国严格的标准，被人家下调评级也是很正常的，中国的底子弱，与发达国家的文化、体制也都不一样，但我们想融入人家的环境，就得按照那样的标准去做，我们还有很多方面需要改进。

痛定思痛，中国企业应该从中得到什么样的启发？徐光勋表示，这些负面的影响对未来即将赴美上市的公司是一种挑战，未来美国的资本市场可能对中国的企业更加挑剔，未来只有那些规模更大、信息更透明、管理更严格的中国企业才最有前景。这其实对我们中国的企业会起到促进的作用，如果在各方面做得不到位的话，企业的真实价值就不会在股价中得到体现，未来我们要努力地把信息披露等各方面细节做好，让不明真相的国外投资者感到放心，我们也能够得到更多真实的评价，可以说“透明度”是影响投资者看法的最直接的因素。

# 第三章　K 线无神秘

A 股市场主体庞杂而混乱，既有产业资本，大小非，又有金融资本，汇金、社保、保险、公募、私募、券商，也包括 QFII。及潜伏于 QFII 中的热钱，林林总总上千家机构，上亿散户，跟谁抄底？K 线图的起伏是否有规律可循？抓住抄底机构扑朔迷离的踪迹，你就是抄底的赢家。

## 第一节　跟券商抄底：1949 点非底，大底与估值无关

2012 年 A 股市场最大的笑话是，李大霄的钻石底 2132 仅扛了半年，就被无情地击穿，市场跌跌不休直到 1949 才止跌。其实，李大霄的悲剧并非个人的悲剧，而是券商行业的悲剧。多年来各大券商年终发布的策略报告对第二年走势预测，一直被当作市场反向指标、1949 点虽然估值比 998 点和 1664 点时估值低，但这并不意味着就是大底。长期以来，投资者对于估值有很多误区，估值，既非大底的必要条件也非大底的充分条件，尤其是随着 2013 年转融券出台乃至全面做空时代的到来，传统交易方式、赢利模式被颠覆，估值体系将被重新定义，类似

2007 年那种借流动性泛滥透支基本面的大牛市行情失去了再次发生的可能。

或许，未来市场真正的赢家，可能不是靠发现真正的价值底去抄底并长期持有，而是靠发现市场的天花板与地板的两极，从而轮番做多做空实现双向交易效应最大化。

## 2132 点钻石底被击穿说明什么

2012 年 7 月下旬 2132 破位，到 12 月 4 日沪指最低已下探至 1949 点，尽管事隔近 5 个月，2012 年 12 月中旬 2132 再度收复。尽管李大霄坚持 2132 点钻石底拒不认错，但无情的现实，宣告了李大霄的 2132 点钻石底破产。

现在的问题是，2012 年 2132 点钻石底被击穿说明什么？

“蓝筹不蓝”：估值底持续下移。

李大霄的钻石底论的一个重要依据就是认为目前沪深 300 的估值水平已经与 998 和 1664 时的估值水平相当。

但是 2005 年 6 月形成 998 大底时，市场还没有全流通，到 2008 年 10 月形成 1664 大底时，市场只是部分全流通。在 2007 年 6124 点位时，A 股的总市值 34 万亿，而流通市值仅为 8. 7 万亿，而截止到 2012 年 12 月 31 日收盘时，A 股的总市值仅为 22. 9 万亿，而流通市值已达 18. 1 万亿。换句话说，以流通市值计，2012 年的 2100 点相当于 2007 年 12000 点，在股市超速扩容的今天，估值的体系已经发生了巨大改变。998 大底、1664 大底的估值水平岂能构成今天的大底？

另外，李大霄认为，很多蓝筹股是从 10 倍 PE 开始上涨，姑且不谈由于流通市值扩大带来的估值体系的变化，目前用市盈率（PE）对蓝筹股估值是极为不合理的。众所周知，在沪深 300 中大量的蓝筹股是周期性行业，在经济下行的周期，周期性蓝筹股的业绩是逐渐下行的，甚至可能出现大幅亏损，比如钢铁股、水泥股、煤炭股2012年的大面积亏损，这样在进行估值时候用PE有何意义？在目前经济下行压力没有消除的情况下，周期性的蓝筹股业绩有进一步恶化的趋势，这样必然导致蓝筹股估值水平的继续下移。

更为悲催的是，投资蓝筹股可能面临着终生难以解套的风险。从国内外的经验来看，蓝筹股的概念并非是一成不变的。例如美国在工业化进程中，铁路股、钢铁股、汽车股曾一度被视为蓝筹股的代名词，但是随着后工业化时代和信息科技时代的来临，这些昔日的蓝筹股要么已经扔进历史的垃圾桶里，要么在市场中的地位式微，股价长时间维持在低位。而取代这些昔日明星的是以微软、沃尔玛、可口可乐等为代表的网络科技、商业连锁、大宗消费等行业领域内的股票。而在国内的您如果在1997年70元买入大蓝筹四川长虹，在2007年48元买入中国石油，迄今亏损达90%－95%以上，恐怕毕生解套无望。

总之，李大霄的“钻石底”论是完全站不住脚的，因为目前的市场与以往历史大底出现时的流通市值水平、市场环境乃至所处实体经济周期已经发生了翻天覆地的变化。

中国经济已经处在了一个转型的十字路口中，原有的经济发展模式与股市估值体系将被颠覆，而未来随着国际化程度的不断加深、各种交易工具的不断完善，历史大底的估值或许将永远属于历史。

**传统估值体系将被颠覆**

上交所金融创新实验室提供的研究报告显示，截至2012年9月26日，沪市整体市盈率仅为10.3倍。而998点和1664点沪市整体市盈率分别是14.6倍、12.5倍，这意味着，即使与前两次历史大底相比，目前沪市估值水平还要折价 2 -3 成。

问题是，10 倍的整体市盈率是否是大底?

回顾2005 年的历史大底的形成条件，是两大史无前例的政策利好股权分置改革与人民币汇改；2008 年的历史大底的形成条件，四万亿重磅级刺激计划与国内外流动性泛滥。且两次大底均有中国经济持续三十年平均 9.8% 的高增长尚未终结、以及 IPO 暂停的支撑，而如今呢?除 IPO 暂停外，无论宏观面、政策面、资金面，都不具备形成大底的条件。

即使目前经济已经处于底部区域，但再想回到曾经的高速增长几乎没有可能了。为适应中国经济转型要求，十二五规划经济增长维持在7%，这也就是说，即使经济在 2012 年四季度见底，未来也将会是“L”型的增长。因此，经济高增长与流动性泛滥带来的股市高溢价不复存在。原本 20—25 倍的合理估值或许降至 10—15 倍，甚至更低，才能真正与国际接轨。

要回答 10 倍的整体市盈率是否见大底的问题，须走出估值的误区。

首先，估值底误区。其实，A 股估值水平不断下移是历史趋势。A 股并无所谓估值底。以沪市市盈率为例，1996 年 512 点大底时 19 倍、2005 年 998 点大底时 14.6 倍，2008 年 1664 点大底时 12.5 倍，而 1999 点时市盈率仅 10 倍。应当承认，无论国内外股市，10 倍市盈率都是很便宜的。但是，值得注意的是，随着历史上 A 股大底的不断大幅提高，大底所对应的估值水平，不但没有大幅提高反而大幅下移。由此得出的结论是，A 股估值水平不断大幅下移是历史趋势。1999 点估值比历史大底估值低，并不意味着其为大底。大底与估值无关。

其次，平均市盈率误区。历史大底的估值之所以不断降低，正是因为其以 A 股平均市盈率为估值基准，从而以少数蓝筹股的低估值掩盖大多数股票严重高估。

天相投资首席分析师仇彦英认为，目前两市整体估值水平虽然已经创出历史新低，但结构性“泡沫”仍然未能消除，蓝筹股以外的中小板、创业板股票价格依然偏高，如果剔除掉沪深300成分股，那么整体估值高达34倍。由此可以得出A股并不便宜的结论。

根据中金公司策略组的2013年盈利预测，当前A股非金融股的动态市盈率为20倍，而包括欧美日和新兴市场在内各国股市的非金融股动态市盈率无一超过15倍。即便按较为乐观的估计，A股非金融股未来依然有25%以上的整体估值下行空间。而与当前产业资本的合理估值相比，A股同样还有超过20%的估值下行空间。中金公司认为，完成A股与各国股市估值接轨的路径有两条：一、市场很快下跌至1700—1800点以下完成接轨；二、市场维持在2000点左右震荡，等待未来盈利逐渐上升完成估值接轨，但这种以时间换空间的走势意味着未来A股走势还将低迷相当长一段时间。

再次，蓝筹市盈率与国际接轨掩盖蓝筹分红率不接轨。

面对未来国际板的冲击，即便是A股蓝筹股也毫无优势。尽管目前A股蓝筹股市盈率已经与国际接轨，但我们的分红率差距仍然较大。以2011年为例，汇丰银行每股收益0.92美元，每股分红0.38美元，分红率为41.3%；工商银行每股收益0.6元人民币，每股分红0.203元人民币，分红率33.8%；建设银行分红率为34.7%；中国银行分红率为35.2%；农行分红率34.6%。

四大行分红率在16家上市银行中是最高的水平。即使以四大行35%现金分红率，目前平均6倍市盈率的银行股，也要投资二十年才能靠现金分红回本，还不如买无风险的国债。银行股何来投资价值？分红率指标暴露出A股现有估值体系的不合理性。

此外，即使按市盈率估值，A 股市盈率最低的板块银行板块，按国际上市净率估值仍高估 10% 以上。

中金公司认为，银行板块应按市净率估值，鉴于国际上大多数银行市净率低于 1 倍，目前 A 股银行股 1.1 倍，仍有 10% 下跌空间。

安信证券研究所认为，A 股的估值正发生一场影响深远的变革。相对于国际上的成熟市场，A 股属于新兴市场，开放程度不高，高估值现象历来十分显著。但是随着 QDII/QFII 扩容、人民币国际化推进、转融通机制、国际板创立等等项目的渐行渐近，国际化和市场化的改革将促使 A 股市场估值逐渐与国际市场接轨。A 股市场内大部分的高溢价现象将会逐渐消失，并以小盘股、绩差股和低息股作为估值调整的主导线。

综上所述，A 股估值水平无论蓝筹还是非蓝筹均高于海外股市，鉴于 A 股正从新兴市场向成熟市场转轨，支持 A 股高溢价的基础已被全面颠覆，A 股要与海外股市实现完全接轨仍需漫长痛苦的调整。

**从流动性泛滥到流动性不足**

流动性是影响估值水平的必要条件。从流动性泛滥到流动性不足，意味着估值从流动性溢价到流动性折价。

从股市建立初期老八股到如今 2400 余只股票，从由金融资本定价转变为产业资本定价，A 股经历翻天覆地的变化。但是，流动性决定估值没变。

2005 年的股权分置改革与 IPO 大跃进，使 A 股流通市值从 7000 亿元跃升至当前的 17 万亿元，增幅超 24 倍，而广义货币供应量 2005 年末为 27 万亿元，如今将近 80 万亿元，增幅不到 3 倍。流通市值增速要远远大于流动性增速，因此 A 股市场已经逐渐由流动性泛滥转为流动性匮乏，这是 2010 年 –2012 年，A 股连续三年领跌全球之根源。

鉴于A股正进入全流通时代，意味着股权分置改革前占总股本70%的非流通股变为流通股，目前10倍的整体估值，仍可能因大小非疯狂套现有较大的下跌空间。

由于巨大的利益诱惑和低廉的持股成本使得市场在大跨步扩容的同时，大小非套现压力也是巨大的，大盘即使跌到了2000点，也丝毫未能阻碍其减持的步伐。2012年9月大小非净减持额环比8月增加92%，而4季度A股将面临大小非减持的高峰期，规模将超5400亿元。9月份32家创业板公司相继发布报告称其大股东将主动延长股份锁定，所锁定市值约384.44亿元，尚不足同期解禁规模的1/10。

众所周知，大小非疯狂减持的背后是由于其成本的低廉，1块钱的面值，即使股价跌到1.1元也会产生利润。中小板、创业板的三高现象一直被市场所质疑，这也为日后的减持提供了足够的利润空间。一边是上市公司大小非解禁进入全流通时代，一边IPO却又不断地创造新的大小非，只要有新股上市，那么大小非就会“永无宁日”。

与IPO疯狂扩容及大小非解禁疯狂套现相比，资金增量明显不能满足市场供给。中金公司2012年10月9日发布报告称，假设新增股票账户数量，新基金募集金额及海外资金流入情况能与此前持平，则未来4周资金净流入分别为-21.83亿元、-58.96亿元、-10.95亿元、-21.98亿元。

根据媒体报道，股民保证金存款2012年10月已经降到6600亿元，而近三年来基本上以每年3000亿元左右的速度再向外流失，这显示投资者参与股市的意愿在逐渐降低。另一方面，产业资本的动向也十分纠结，2012年8月宝钢宣布以不超过50亿资金回购股份，宝钢的回购不仅提振了市场人气，同时也带动了部分央企增持，长江电力、中煤能源等公司纷纷发布了增持公告，但据统计，9月份上市公司股东增持市值共计 22.84 亿元，而减持市值却为 65.34 亿元，且其幅度相比于 8 月接近翻倍水平。

值得注意的是，未来扩容与减持的压力将会是长期存在的，上交所规划到 2020 年，A 股市值将达 70 万亿元到 80 万亿元，以这样的发展速度看，在没有发生重大改革的背景下，A 股流动性折价或将成为常态。未来股市大扩容是既定的目标，而在扩容的同时又会不断制造新的大小非，这种恶性的循环会使得 A 股面临长期缺血，流动性对股市的影响，也会从溢价转向折价。

汝窑的珍贵在于稀少，全世界 70 多件的存世量可使其单件拍卖价格达到上亿元，而超市中的普通瓷器却被贱卖，这与其数量无限有直接的关系，因此，A 股贱卖反倒是正常的。

### 做空或成主要盈利模式

A 股市场正在发生的最惨烈的变化就是，随着 2010 年股指期货等金融衍生品的出现，开启了做空时代。张化桥的千点论不会像十一年前许小年的千点论引发大资金恐慌，因为大资金可以用金融衍生品对冲风险。而无法用金融衍生品对冲风险的散户的命运要么被消灭，要么退市。

近期慢牛投资公司董事长张化桥抛出了千点论，其观点的对错只能是日后去印证，但其分析逻辑并不是没有道理。其核心的理由是市盈率与利率关系，即一个市场的市盈率应该相当于市场利率的倒数。他认为，中国的正常资金成本（利率）在 10% 左右，加上风险溢价，股市差不多要提供 12% 的年回报率。因此，A 股市场的合理市盈率在 8 倍至 10 倍，也就是合理点位应为 1000 点。

但在未来的股市环境中，对于中小投资者恐怕将是非常痛苦的，由于各种限制，在溢价消失的背景下也不能参与到对冲风险的行列中。如今不仅是宏观经济、流动性发生了改变，使得我们不得不重新找到一个对于价值评判的平衡点，而且传统交易模式的扭转，也将对市场估值体系产生影响。融资融券、转融通、股指期货的出现弥补了市场投资工具的不足，这也就意味着，A 股的交易规则从单向只能做多而转为了双向做多做空，未来随着对机构投资者的放开投资金融衍生品的限制，做空 A 股将成为广为应用的盈利模式。

转融通将为 A 股市场带来重大变革，也标志着做空个股时代的到来，其不仅能为市场带来资金，也可以为市场提供更多的做空筹码。东方港湾董事长兼总经理但斌在接受媒体采访时说，以贵州茅台为例，如果以年化 7% 的资金成本融券给沽空方，十年就能赚回本金。而在这个过程中，还能分享分红和企业增长带来的回报，可谓一举多得。

反过来，融券的成本仅为每年 7%，那么其成本将低到甚至小于大小非。在产业资本减持、三高 IPO 不停的背景下，市场重心不断下移是大势所趋，那么这就为做空成为新赢利模式提供了很好的契机。未来市场真正的赢家，可能不是靠发现真正的价值底在什么价位去抄底，而是靠发现股价能做空到什么价位而实现融券效应最大化。

交易方式的改变，彻底颠覆了二十年来 A 股固有的操作原理，高抛低吸的赢利模式将被改变，只要公司赢利不佳、财务造假，那么将会为上市公司带来灭顶之灾。这同时意味着，如 2007 年那种以流动性泛滥透支基本面的大牛市行情将不可能再次发生，未来股市更多回归理性，以宏观经济为主要方向，围绕重新定义的合理估值做上下的波动。

## 第二节　跟产业资本抄底：产业资本为什么无视钻石底

面对 A 股市盈率处于历史最低水平以及大批个股破净，一方面，以公募、私募、保险为代表的金融资本屡次三番抄底A股被全线套牢，账面严重亏损；另一方面，产业资本不抄底反逃底。

事实上，自2008年大小非全流通起步，金融资本就失去了A股定价权。所谓大底，不再是金融资本抄底买出来，而是由产业资本的大小非套现卖出来。产业资本对于本行业的发展前景最为清楚，这就要求金融资本和个人资本在选股抄底的时候，一定要站在产业资本的视角思考该行业的前景。同时，产业资本的持股成本远远低于机构，随时都有可能抛售，导致机构的拉升动力逐渐锐减。

要改变A股跌跌不休的现状，必须实现产业资本与金融资本A股定价权的均衡，一方面对大小非减持做出限价规定，另一方面减少二级市场收购限制，使产业资本可以借敌意收购夺取企业控制权，二者结合可促股市见底。

真正令人遗憾的，并非2012年8月京东苏宁国美一场价格战以闹剧收官，而是一场看不见硝烟的收购战没能打响。

刘强东本可以兵不血刃地拿下苏宁，那就是收购苏宁最强大的竞争对手国美。

截止到2012年8月19日国美收盘的0.64港元的收盘价，总市值为72亿港元，对应于人民币约为60亿元人民币。而刘强东在此之前自称京东商城手里攥有87亿元的现金。

但刘强东之所以选择虚晃一枪的价格战，而未选择真枪实弹的收购战，是由于敌意收购在二级市场上操作的困难。黄光裕在国美所拥有的33%的股权，以及港股每增持10%股权必须公告的规定，几乎让任何精心策划的敌意收购都变得不可能。至于在A股市场直接收购苏宁则更不可能。张近东与苏宁集团共持苏宁电器40%的股权，及A股规定每增持5%股权必须公告，以及涨跌停板限制，足以令敌意收购成为泡影。一纸收购公告，会诱发炒收购游资与反收购资金入场推动股价涨停或连续涨停，使收购成本高到无法实施。

因为无须担心敌意收购，苏宁电器股价可以半年下跌50%，从11.35元跌至5.57元。

因为无须担心敌意收购，闽灿坤B可以以连续8个跌停，股价跌到0.45港元，直奔退市，因为无须担心仅用5亿港币即可对其敌意收购的风险。

或许正是由于无需担忧敌意收购，目前A股“破净潮”愈发猛烈。截至2012年8月16日，A股市场共有116只个股的收盘价跌破了每股净资产，约占A股市场的3.8%。而在年初，破净股的数量仅有不到一半。

根据股市的经验，破净股的大量出现，以及由此诱发的敌意收购、私有化，原本是股市大底的标志。但如今这些标志在A股失灵，A股仍旧在跌跌不休。

“中国股市在基本制度上还有很多需要完善的地方。比如，在敌意收购上仍然有太多阻碍措施。”国海证券首席并购顾问武飞在接受和讯网连线时表示。

正是缺少了敌意收购的威胁，也正是股市上很多股票的股价跌跌不休，却迟迟不能见底的原因之一。

有评论指出，中国实行市场经济制度三十年的今天，企业竞争仍然不能打收购战，而还是要不停地打价格战，这不是市场经济的一种悲哀？

**敌意收购寸步难行**

没有上市公司的股东愿意看到自己的企业在与其他企业拼价格战，

但无一不企盼自己持股的公司能够被敌意收购。因为每一次敌意收购行动都会大大提升二级市场股价，因为收购者提供的要约收购价格一般都在股票遭遇敌意收购行动价格前价格的50%到一倍以上。

所谓敌意收购，是指收购公司在未经目标公司董事会允许，被收购方并不同意的情况下，所进行的收购活动。在资本市场上，敌意收购可以优化资源配置，同时惩罚管理不善的管理层。

但中国监管层却仍然对敌意收购抱有很大警惕心态。《环球时报》曾发表文章称：要警惕海外基金恶意收购——因为国外的基金公司都是用这样的收购来获取目标公司发展的主导权。

除此之外，管理层一直担心有人会利用收购的时机，趁机钻空子，炒作和哄抬股价，因此出台了很多在实际运行中限制敌意收购的法律法规，使得收购总是面临巨大困难。比如《证券法》规定在收购兼并的时候，只要投资者持有一家上市公司发行股份的5%，就必须在3日内，予以公告“举牌”，向外界公布收购行动。此后，持股每增加5%，都要公告。

武飞认为，如此严格的规定是不合适的。因为，目前中国上市公司一个普遍现象，如同黄光裕在国美所拥有的股份数量那样，通常大股东都一股独大，所持股权都在20%以上。

中国政法大学资本研究中心主任刘纪鹏曾表示，中国的创业板将近340家的股票中有95%都是一股独大。上市后平均第一大股东持股也在44%、45%。而在西方更为成熟的证券市场，很多大公司都是无人控股的，股权结构相当分散。在美国很多上市公司的股东如果拥有1%的股票，就已经是大股东了。

在这样的情况下，如果收购方持股量超过5%就公告，然后持股量每再提高5%继续公告，往往等到收购方将收购的股份数量达到可以威胁到大股东控股权的时候，股价就已经升高到极高的地步，这就使得收购的成本急剧提高。而且如此频繁的公告，也足以让大股东有足够的时间进行反收购。

因此，当前在A股市场上开展敌意收购总是很难获得成功，而也正是真正的收购很难进行。许多股票的收购往往便沦为了真正的炒作。就如同浑水公司恶意曝光中国公司的所谓阴暗面，不惜制造谎言来做空中概股一样。同样的许多人目的明明不是为了收购企业，却打着收购的名义实际只为了赚一把便走。

“如果规定不是5%，而是持股量达到10%或更高15%之后才第一次公告，就无疑会提高敌意收购成功的效率。而且也会鼓励更多的企业对上市公司进行并购。”武飞对和讯网说。

**无法并购导致了重复建设**

2012年5月，宝钢在湛江的近700亿元投资、年产1000万吨钢的钢铁项目获批后，湛江市长激动得亲吻文件。正如网友所评论的，“那边是武钢产能过剩养猪寻出路，这边是湛江豪情满怀大上新项目。中国八亿吨钢铁产能已经为世界铁矿石巨头贡献了天文数字利润，政府与国企还在大跃进。”

之所以在明知道钢铁产能已经大量过剩的情况下，宝钢仍要开工这一项目，是因为宝钢认为自身企业的生产效率更高，这符合让优势企业占有更大市场份额的市场经济原理。但宝钢湛江项目并未得到二级市场认可。宝钢股份自2012年以来，股价一直处于破净状态。截至8月19日，宝钢股份4.11元的收盘价与2012年一季度末6.1529元的每股净资产相比，破净率高达33%。

问题在于，难道宝钢的这一目的只能通过新建一家企业才能达到?

对于真正的优势企业来说，并购无疑更符合企业发展的需要，可以节省掉漫长的新建一家企业的时间。让企业可以在极短的时间内将规模作大，提高竞争能力，将竞争对手击败。减少甚至避免因新建投资项目加大产能过剩导致利润下降。

实际上，宝钢并非不想收购。几年以来，宝钢曾先后试图收购包括邯郸钢铁、广钢股份、马钢股份、八一钢铁、安阳钢铁、酒钢宏兴、南钢股份、济南钢铁、莱钢股份等多家钢铁公司股票，但遗憾的是除了对八一钢铁实施了真实的兼并重组外，其余都铩羽而归。

这些收购之所以没有成功，很重要的是地方政府的阻挠。如宝钢刚刚与马钢建立起了结盟关系，马钢马上就在安徽省政府的主导下，与生产经营长期落后的合肥钢铁公司进行了重组，并随之关闭了向宝钢敞开的大门。

由于中央地方存在利益冲突，靠行政命令显然无法让宝钢获得其希望得到的企业。但是假如市场对敌意并购规定不是如此严厉，而是更加宽松的话，用纯市场的方式，在二级市场上直接并购，宝钢林本可以获得成功。

遗憾的是，一方面中央地方利益冲突，使得央企主导钢铁业重组几乎无法进行，另一方面包括敌意收购在内的市场化购并无法进行，钢铁行业怎样进行重组？而这也是包括宝钢这样的行业龙头股票破净率已经达到33%，仍无法触底的根本原因。

允许并鼓励敌意收购不仅仅有利于上市公司股东，而且对中国正在进行的经济转型也极其重要。对周期性的，而且产能过剩的传统产业的转型重组都具有重要的意义。

### 分众私有化回归拷问 A 股底部

如果说上市公司遭敌意收购是外界对上市公司被低估采取的行动，

私有化直接退市则是大股东对上市公司被低估采取的行动。

2012年8月13日，分众传媒董事长江南春联合方源资本、凯雷集团、中信资本、鼎晖投资、中国光大控股等五家投资方，向分众传媒董事会提交私有化建议书，价格为27美元/ADS，合每普通股5.4美元。以此价格计算，分众传媒总估值为35亿美元。

据透露，分众传媒在美国退市之后，会选择回归港股或A股市场。

大摩在一份研究报告中指出，分众传媒退市股价的PE约为12倍。而相比之下，A股市场的传媒股PE普遍较高，至少也可达20倍－30倍。如果能够成功退市、转板，相当于获得2倍－4倍的投资回报。

由此带来的问题是，假如在美国上市被低估的企业，而在A股上市仍可以获得数倍的溢价，那么A股底部真的到来了吗？

### 敌意收购赋予股民“用脚投票”权

中国股市发展二十多年上市公司总数已达2500多家，敌意收购并能取得成功的案例却屈指可数。

这与国际惯例并不相符。在美国，如果一家公司的经理阶层工作做得糟糕，那么很快就会吸引上一些收购者盯上公司，然后可以通过购买股票而接收该公司，并驱逐公司经理。实际上，美国股民在过去监督公司运转的主要方法就是用“用脚投票”，将选票卖给那些敌意的接管者。仅1985年－1990年，通过恶意接管易主的美国公司股票价值便达1400亿美元。

“鼓励敌意收购也是提高上市公司管理水平，并让股票价格始终不能过低的一个利器。因此中国股票市场更应该鼓励敌意的收购。”武飞表示。目前在二级市场上大量公司的股票破净，跌破净资产，就意味着比最早的投资价格都低了，其实很多公司的价值就是被低估了。“如果敌意收购被鼓励，那么这样的公司早就会成为被收购的对象”。

日前，中国证监会呼吁大股东增持维护股价遭冷遇，其实只要降低敌意收购门槛，那些被低估的公司大股东自然会主动维护股价。

综上，敌意收购将为A股底部提供多重保障，敌意收购的威胁带来市场机会，为应对敌意收购的威胁大股东对股价的维护，管理层尽职尽责以免敌意收购发生时股民“用脚投票”，以及敌意收购促进产业资源整合带来产业健康发展。

### 金融资本逐渐褪色的光环

值得关注的不仅仅是敌意收购的缺位，金融资本和产业资本在股市中的地位变迁，更是一个极其重大的信号。

在某种意义上讲，2009年以前，A股大顶是金融资本买出来的，大底也是金融资本卖出来的，而进入2009年以后，A股大顶大底都是产业资本卖出来的。这涉及产业资本的两重性，一方面产业资本的敌意收购可以对目标股价格起支撑作用；另一方面产业资本的套现行为（主要指大小非减持），又可对相关股价起到毁灭性打击作用。

大顶大底的形成，是市场中不同资本较量博弈，最终由失衡走向平衡的过程。

抄底者，“资本相博，力强胜出者也”。各路资本实力的大小决定未来资本市场的走向。当我们在谈论“抄底”时，必须对各路资本的实力有清醒的认识，否则可能屡屡抄底不见底。

在这场资本的博弈中，公募基金为代表的金融资本已无可奈何花落去，从昔日的王者位置黯然退下，而实力远超金融资本的产业资本已经悄然成为A股的主宰。这就是A股创立二十年来形成的“熊不过五年”的熊市周期，被彻底打破的根本原因。

2012 年 5 月 7 日，公募基金的大佬王亚伟宣布从华夏基金中退出。这场基金行业的人事地震，其实质是对资本博弈失衡的反映。

对于王亚伟的辞职，业界众说纷纭。从王亚伟为数不多的话中，人们只得到有限的信息。“外界对我的关注太高，让我感觉压力太大”是王亚伟口中的重要原因。在离职发布会的现场，王亚伟又说了一句意味颇深的话“今后不再从事公募行业”。

显然，王亚伟对于离职原因的解释，并不能完全释解公众的疑虑。但如果从整个基金行业的发展困境来看王亚伟离职，似乎能解释很多的疑团。

让王亚伟树立业界大佬地位的是他所执掌的华夏大盘，连续在 2007 年、2008 年、2009 年基金排行中位列第一。王亚伟从 2005 年 12 月 31 日担任该基金经理。根据相关数据，其执掌期间，华夏大盘涨幅为 883.64%，同期同类型基金平均收益只有 97.69%。而华夏大盘的净值增长高峰发生在 2006 年 4 月—2008 年 1 月、2008 年 11 月—2010 年 11 月两个时间段。

而 2011 年 11 月至今，华夏大盘净值一直维持高位震荡下跌的态势，与之对应的是，2011 年第三季度，美尔雅、葛洲坝、庞大集团等王亚伟重仓股大幅下挫，其中美尔雅 1 个月跌幅近 40%。

如果单从市场环境恶化来解释该现象显得过于简单化。王亚伟在其巅峰时期没有全身而退，却在大盘极度低迷时选择引退组建私募，或许说明他对于未来公募行业的不乐观。

### 后股改时代的资本博弈

一位资深的股民说，在 2000 年之前的股市可以称为“大户时代”，个人大户动用几百万上千万就可以操纵一只股票。正是凭借着一批大户推高股价的操作手法，股指用了两年多的时间，就从 1991 年的 95 点飙升到 1993 年的 1558 点。后来随着个人大户模式的破裂，政府发展了以券商为主的机构投资者，机构大户坐庄的模式逐渐成为市场的主流。庄家运用"养—套—杀"等经典操盘手法来获利。直到 2000 年左右，随着互联网泡沫的结束，机构大户联合坐庄的模式也逐步走向尽头。

之后市场便进入了长达 4 年的熊市。而作为市场新的王者——公募基金正在这漫长的冬天孕育着。公募基金从 1998 年便进入市场，但是规模一直不大。直到 2001 年第一个开放式基金成立后，规模开始步入增长轨道。经过 2002 年—2003 年的盘整，公募基金在 2004 年—2005 年进入快速增长期，到 2007 年公募基金持股市值最高已经增长到 2 万亿元，基金持股市值占 A 股总流通市值的比例最高峰值为 27. 14%。甚至在 2008 年金融危机导致 A 股市值大幅缩水的情况下，基金持股市值占比依然维持在 20% 以上。

而进入 2009 年之后，随着新股发行增加、大量限售股的解禁，产业资本一跃成为 A 股的最大主力，基金持股在 A 股市场的份额不断缩水。在 2010 年底跌破 10%，2011 年三季度末再度下滑降至 7. 86%，创下 2005 年以来的最低点。

这样整个 A 股的原有生态结构被打破了。尹中立认为，在全流通之前的股市生态结构中，散户的资金占 60%—70% 左右，而证券公司、公募基金、社保基金的等金融机构投资者占 30%—40% 左右。机构由于具备了散户不可比拟的信息、操盘优势，因此众多散户数"供养"了数量有限的机构投资者。

然而全流通之后，A 股流通市值占总市值的比例已经由股改前的 22. 4%一跃上升至目前的 83. 3%。而且这些新增的股票主要集中在国有控股机构、公司法人等产业资本的手中。他们手中持有的流通股远远大于金融资本，数量有限的散户显然无法“供养”数量如此庞大的产业资本，于是整个股市的生态平衡被破坏了。

**产业资本的底为什么远低于金融资本的底**

产业资本开始挑战金融资本的市场地位时，一场博弈就已经悄然进行了。

首先，产业资本和金融资本持股成本不同，产业资本握有股改前和IPO前所获得的大量的廉价股票。因此金融资本在操作任何一只股票的时候，必须得考虑产业资本是否有抛售的意愿。当然产业资本中国有控股机构和一般法人对于手中所持有流通股票的态度是截然不同的，前者为了保持国有控股权不至于旁落，因此少有套现的意愿。而后者显然具有强烈的套现意愿。

其次，两者对于同样一只股票的估值体系也不同。尹中立认为金融资本估值的参照系主要是国债收益率等无风险收益率，而产业资本的参照系主要是实业投资回报率，而目前实业投资回报率要比国债回报率高出1倍以上，10%左右，相当于10倍市盈率。因此产业资本较金融资本对于同一只股票的估值更便宜。

再者，产业资本和金融资金具有信息不对称性。道沃投资总经理何俊认为，产业资本对于本行业的发展前景最为清楚，因此，如果行业发展前景不好的上市公司，就算股价在低位也会受到产业资本的抛压。这就要求金融资本和个人资本在选股抄底的时候，一定要站在产业资本的视角思考该行业的前景。

最后，产业资本和金融资本的行为模式迥异。金融严格意义上并不存在着“出货”和“进货”一说，因为他们的资金总是在市场中流动。而产业资本可以在资本和实业之间进出，决定了他们进入资本市场带有更大的投机属性。

**政策干预实现产业资本和金融资本均衡**

博弈的最终结果是走向均衡。博弈中任何一方力量增减都有可能会导致力量走向均衡。对于资本而言，均衡恰恰意味着市场转折时机的出现。换句话说，A 股走出长期熊市的关键是，如何实现产业资本与金融资本的均衡。

增加机构投资者在 A 股中的比重，也是走向最终均衡的重要路径之一。以美国为例，它拥有世界最大的共同基金群体，是典型的“机构市”。截至 2011 年 6 月 30 日，美国拥有 8000 多只共同基金，其净资产高达 12.22 万亿美元，占美国国内市场股票总市值的 73%，这是美国股市最重要的机构投资者群体之一；与此同时，美国还拥有世界上规模最庞大的私人养老金，截至 2011 年 6 月 30 日，美国私人养老金储备高达 18 万亿美元，超过了美国国内市场股票总市值，这同样也是美国股市的最重要机构投资者群体之一。

然而，在中国，作为机构投资者的公募基金、社保基金及养老金储备规模都很小。截至 2010 年底，中国的证券投资基金虽然也有 1000 余只，但净资产仅为 2.33 万亿元人民币，全国社保基金及地方社保基金余额仅为 2.4 万亿元人民币，二者规模均不及目前 A 股总市值的 1/10。金融资本力量如此单薄，很难成为与产业资本抗衡的对象。而且，这一状况在相当长时期内无法改变。

当然，加大产业资本的持股成本和变现成本也是达到均衡的一种途径。如果说股改前上市公司大小非是存量产业资本，那么股改后 IPO 的大小限则是增量产业资本。由于国企大非解禁后大多数不流通，A 股不得不没完没了地承受大小非全流通的威胁，由于 IPO 的大小限没完没了，使A股不得不没完没了地承受大小限冲击。如此下去，强大的产业资本与弱小的金融资本恐怕很难实现均衡。除非股指跌到大小非不愿套现为止。那么A股长期熊市将长达十年二十年。

显然，只有政策干预，才能建立强大的产业资本与弱小的金融资本的均衡。才能使A股走出长期熊市。中国证监会研究中心主任祁斌早些年就认为，“市场化的发行审核和定价机制是资本市场资源配置功能有效发挥的重要保障”。

然而，2009年以来市场化的新股发行改革失败了，新股发行改革带来“三高”（高发行价格、高市盈率和高超募额），在给创业板原始股东带来巨大财富的同时，却把大小限解禁的巨大风险留给了市场的投资者。

公开数据显示，创业板成立3年以来，356家创业板上市企业平均发行价格为29.69元/股，平均发行市盈率为55.85倍，总共造就了736位的亿万富翁。

与此同时，一大批创业板上市企业遭受业绩大变脸、高管频频减持套现之后，股价出现大幅下跌。到2012年10月30日，355只创业板股票有233只破发，占比高达66%。而与上市首日开盘价相比，355家公司截至10月29日收盘价，有290家低于首日上市开盘价，占比高达82%，另有近百家公司股价“腰斩”，占比近三成。如果按目前价格与发行价相比，持有流通股份的二级市场投资者为此损失了近200亿元。

这还仅仅暴露出资本市场中力量失衡的冰山一角。因此如何加大产业资本的持股成本和套现成本是摆在监管层面前的一道课题。

中国政法大学资本研究中心主任刘纪鹏建议，“对于大小非减持问题，应该倡导预设一个可流通的底价，比如发行价32元，那么减持价就应该设在35元，大小非减持时应该解放全体支持你的股民，再解放自己。但是为了减持成功，公司就得想办法创造业绩。”

但毫无疑问，只有现有的各项外部条件发生变化时，资本博弈才会最终走向均衡。实现这一目标的重要标志就是新的历史大底的形成。尹中立对于底部的判断标准是：当产业资本不愿意减持，或越来越多的公司采取回购股票之时就是底部。

“当前的很多股票回购或增持的行为更多的是为了维护股价，作秀的成分较大，因为股价偏低而为之的很少。”尹中立对此深为担忧。

截止到10月30日，三年多最低点1999底部为什么出现于9月26日？主要是源于两方面，一方面四季度面临年内最大规模的4000亿元市值大小非解禁潮的冲击；另一方面是监管部门对10月创业板32家大小非解禁的干预。

9月26日晚间至27日上午，32家创业板公司相继发布同类内容公告，公司大股东主动延长股份锁定，涉及27.83亿股，市值约384.44亿元。多家创业板公司，均公告控股股东或实际控制人承诺股份解禁后年内不减持所持股份，或是延长限售承诺。

然而，延长股份锁定期一到，市值约384.44亿元创业板大小非仍会形成巨大冲击波。因此，刘纪鹏教授为大小非减持设可流通底价的建议，才是根本的解决之道，即大小非在IPO发行价之上才能套现，这样既可对市场冲击大大减少，又可迫使控股股东作好经营。

## 第三节　跟国家队抄底：国家队先知先觉

在历史的重要底部，总可以见到国家队抄底的身影：以稳健著称的社保基金曾经在2005年998成功抄底、2007年6124前成功逃顶，取得了最近八年 18.64% 的年化收益率；汇金的数次增持成为大盘形成 1664 等重要底部的先行指标。

实践证明，跟国家队抄底，比跟 QFII 抄底靠谱。

随着 1949 反弹周线六连阳逼空，主导本轮反弹的 QFII 也被媒体渲染得越来越神奇，其实只要把 QFII 与社保、汇金的抄底历史加以比较，就会发现此次 QFII 的抄底成功带有相当大的偶然性。总体上，QFII 的抄底水平并不比社保、汇金高。

**社保基金抄底精准**

与 QFII 不同，社保基金以稳健而著称。18.61% 的年化收益率，紧追股神巴菲特 21% 的收益率，使得全国社会保障基金理事会日益吸引着越来越多人的眼球。

2003 年 6 月至 2005 年 6 月，两年熊市，社保理事会更多是处于蛰伏状态。

2005 年 6 月 998 大底。三季度，社保理事会进入 30 家上市公司前十大流通股东，牛市前重仓潜伏。

2007 年二季度，在上证指数创下 6124 点前一个季度，社保理事会已退出所有上市公司前十大流通股东名录，成功逃顶。

2008 年 10 月创下 1664 低点，三季度社保理事会再次重仓买入 26 家上市公司，精准抄底。

2010 年一季度，在 A 股“熊冠全球”的一年开始之际，社保理事会再次全面降低股票仓位，神奇逃顶。

多次成功把握市场趋势带来的结果是，截至 2011 年底，社保理事会入市八年多的时间里在股市累计获得 1326 亿元投资收益，占全部投资收益的 46%；股票累计投资收益率为 364.5%，年化投资收益率达到

18.61%，比全部公募基金累计平均收益率高出10个多百分点。值得注意的是，根据社保理事会披露的信息，截止到2011年底股票资产占比达32.39%，这一比例远高于历年19.22%的股票平均仓位。

根据和讯网数据中心提供的数据，2008年以来，社保基金持股个数前三位的时间段分别是2009年四季度末、2009年二季度末，以及2009年一季度，分别为2509575万股、2423万股、、以及2404413万股。对比上证K线可以发现，1664－3478的行情正好发生在08年末到09年三季度初，社保基金吃掉了大部分的行情。

在2012年的行情中，社保基金前三季度持股数分别为1327578万股、1479197万股、1703725万股，尽管社保基金的年内持股数与历史峰值相比有很大的差距，但是可以明显看到社保基金在逐步加高仓位，以至于2012年三季度仓位已经创2010年以来新高。2012年第三季度社保基金十大重仓股分别是农业银行、重庆百货、新宙邦、招商局B、三诺生物、红宇新材、四方股份、交通银行、飞利信。在十大重仓股中有6家来自中小板和创业板。而对于银行的持股比例明显降低，而1949行情是由金融、地产等权重股发动，这说明社保基金在此轮反弹中收益有限。

社保基金于2012年5月再次启动入市步伐，单月新开16个A股账户。有分析搬出社保基金通过新开A股账户成功抄底的证据。比如，2008年11月社保基金新开8个股票账户，12月又新开8个账户，2009年1月再度新开16个账户，而A股市场也于2008年10月28日见底1664，此后迎来了近一年的上涨行情。

而有市场人士看来，社保基金开户和大盘涨跌并无关联性。其实自2009年以来，社保基金仅在2009年1月、2011年3月和9月新开过A股账户。其中，在2011年的3月和9月，社保基金均新开16个A股账户。而回顾A股行情可以发现，最近几次开户中，仅2009年1月开户踩在了市场上行的过程中，2011年两次开户均遭遇市场持续下跌。三次开户，仅一次踩中“上行”，这样的成绩恐难称“神奇”。

据分析，2011年社保基金共新开户两次，分别为3月及9月，但两者的背景完全不同，2011年3月社保基金虽然新增8个账户，但同时注销10个，实际开户数反而是减少的，结果就是市场经过小幅反弹后，自4月中旬开始，就延续了长达8个月的下跌走势。

而2011年9月开户，则是社保基金账户真正的净增长，与之对应，市场10月从2307反弹至2536，但此后又经历一路下跌至2132点，才形成了中级底部，完成“挖坑”走势。

在历史上，社保基金对于A股中长线行情把握得都相当的精准，虽然进场后不会马上就涨，但进场时机基本都在市场的底部区间。从2011年9月新增账户后，至2012年1月初见2132中级底部，2012年5月社保基金新增账户同时并没有销户，此后经历一路下跌至1949点，才完成“挖坑”走势。

是否可以理解为社保基金会有一个3—6个月左右的建仓期？而在这个过程中，市场都会“很配合”的下跌，使社保基金能够买到更低的价格。

**汇金维稳增持再次成为底部信号**

2012年10月11日，汇金宣布已于10月10日起在二级市场购入工、农、中、建四大国有银行股份，并将继续相关操作。四大行随后披露的公告显示，汇金第四轮增持计划已于当日开启，分别增持工行473万股，增持农行573万股，增持建行281万股，增持中行384万股。共计增持1711万股。两个月后市场在1949见底。汇金增持成为股市重要底部先行指标又被验证。

汇金的抄底不为逐利，政策维稳色彩更浓，汇金更多地承担了维护指数稳定的角色。2008 年 9 月 18 日，中央汇金公司首次宣布将在二级市场自主购入工、中、建三行股票，并从即日起开始有关市场操作。次日，2008 年 9 月 19 日，大盘上涨 9.45%。更为神奇的是，汇金在 2008 年增持之后，大盘在 2008 年 10 月左右确立 1664 的历史大底，而后开始了长达一年的牛市行情。

2009 年 9 月 27 日，建行公告称，截至 2009 年 9 月 22 日汇金公司增持计划已实施完毕，其通过上海证券交易所证券交易系统累计增持该行 A 股 128608238 股，约占建行已发行总股份的 0.06%。2009 年 10 月 9 日，工商银行、中国银行、建设银行分别公告，汇金公司近日增持三行 A 股股份，汇金公司并拟在未来 12 个月内以自身名义继续在二级市场增持。次日，大盘上涨 4.76%。而 2009 年汇金的第二次增持效果并不显著，尽管大盘在汇金增持后确立短期底部之后出现了一波反弹，但是并未超越前期的高点 3478 的位置，随后就展开一轮下跌。

2011 年 10 月四大行发布公告称，从 2011 年 10 月 10 日起，汇金公司拟在未来 12 个月以自身名义在二级市场增持四大行股份。数据显示：2011 年第四季度，汇金公司分别增持 5305.3 万股工行股份、9049.6 万股建行股份、1.48 亿股中行股份和 3.1 亿股农行股份；2012 年一季度分别增持 5032.4 万股工行股份、2267.4 万股建行股份、8363 万股中行股份和 2940.9 万股农行股份；二季度汇金增持 700 万股工行股份及 76.26 万股中行股份。三季度汇金增持工行 626.63 万股份、中行 1881.24 万股份。

不过从汇金的第三次增持的效果来看，也不甚理想。大盘在汇金增持后并没有出现止跌回升，随后大盘还是把汇金当时增持时的点位给无情的淹没了。

汇金第四次增持，即最近的一次增持发生在2012年10月份，随后在12月份大盘1949点出现了一波比较强劲的反弹。

不过，汇金历次增持主要是中农工商的四大国有银行股，而在2012年12月的反弹中四大国有银行走势不如商业银行和城商行，仅有农业银行独领风骚。

综上，可以发现社保基金收益最为稳定，汇金的政策带动效应最强。

**汇金救市背后的三大战略意图**

对于汇金公司增持四大行行为，中国政法大学资本研究中心主任刘纪鹏表示，汇金增持救市意图明显，主要为消除对于中国宏观经济的忧虑情绪、重振股市信心，以及支持中国银行业在国内外经济格局中重要战略作用的发挥。

但从重振股市信心角度来看，刘纪鹏认为仅仅是增持并不能解决根本问题，他期待着政府出台根本性的措施来重振股市，刘纪鹏认为，中国股市缺少公平和正义，缺少速度和效率，而中国自身的监管政策这次必须反思，如果不从制度上根本解决这些问题，汇金的救市只是杯水车薪，既治不了病，也救不了命。

刘纪鹏称，此番汇金公司增持四大行有三大原因。

第一是出于宏观经济的原因。刘纪鹏认为，目前对中国宏观经济的未来众说纷纭，甚至有西方媒体认为中国也爆发了次贷危机，即2008年四万亿元投资规模扩张过快导致地方融资平台出现风险，以及由于货币政策紧缩力度过大导致民间高利贷的风险。

“或许，预期这两个风险即将爆发，市场对中国的宏观经济产生忧虑。”因此政府要重建信心，刘纪鹏认为实际上，中国经济不管是宏观还是微观层面，总体趋势是良好，没有国外预期那么差，“所以主要是信心问题，市场对中国经济未来的发展心里没底，对中国金融是好是坏没底。所以这次汇金出手，是从宏观上给中国经济树立信心。”

第二是出于重振股市原因，刘纪鹏认为，中国股市已惨不忍睹熊霸全球，这和中国宏观、微观经济不相符，“股市毕竟是一个国家政治、经济、社会，以及宏观和微观，多维的多方面的综合反应，现在人们对未来心里没有底，缺少信心，主要反应在股市。政策要重塑信心，切入点仍然是股市，只有股市见效最快，所以汇金此时高调宣布增持，是其第二层战略含义。”

第三个原因，刘纪鹏认为中国股市中的银行股股价尤其惨不忍睹，“中国金融业的旗舰都在股市，他们既承担着在国际经济新的分工中，抓住国际战略机遇期的主力军的重任，也是中国股市中主力企业和重灾区。现在大家没信心，反应在对经济的担忧，而这主要体现在对目前的商业银行金融风险的控制。”

刘纪鹏认为，上述三个方面再加上把握国际战略机遇期的战略高度，中国银行都应该承担更重大的任务，汇金高调宣布增持并不是偶然，是有救市的内涵在其中的。刘纪鹏接着分析，“我也认为中国股市现在的低迷已经到了不是简单形式上惨不忍睹，是在客观上对中国经济有极大的破坏作用的地步，是投资者对中国经济崛起没有信心的集中表现，所以在此时，我们把汇金出手叫作救市一点也不为过。”

对于汇金公司增持之举能多大程度上挽救股市低迷，刘纪鹏认为，中国资本市场已积重难返，恐怕汇金公司的举措难以治本。“我们等着政府采用治本的措施，用更大的措施，在根本上解决中国股市内在痼疾。”刘纪鹏认为，中国股市缺少公平和正义，缺少速度和效率，而中国自身的监管政策这次必须反思，如果不从制度上根本解决这些问题，汇金的救市只能是杯水车薪，既治不了病，也救不了命。

## 第四节　跟游资抄底：潜伏于热门牛股的赢家和输家

游资分散，跟国家队、QFII 之类大鳄相比，犹如小萝卜头，但其集中优势兵力于个股甚至板块之时，仍然能够掀起惊人的浪花。对于勤奋而有心的投资者而言，追寻游资打一枪换一阵地的轨迹，适时跟进，当奏奇效。但即便是最牛游资，也不乏走麦城之举。本文解剖几个经典的游资玩家，或有启示。

### 输家篇：最牛游资炒作热门股巨亏记

**最高价买入浙江东日**

截止到 2012 年 4 月 25 日，大盘整体涨幅仅 10%，但市场热点却层出不穷，14 只个股翻倍，150 只个股涨幅为 50% 以上。该轮行情中最大的黑马浙江东日，从 3 月 26 日 5.28，4 月 25 日 17.41，更是一个月股价翻两倍。从公开的交易信息来看，游资是本轮行情和市场热点的主要推手，其中堪称最牛游资的光大证券深圳金田路营业部（以下简称光大金田路），2012 年以来登录龙虎榜单近 150 次，参加将近 50 只个股的炒作。几乎参与了所有热点的炒作，金改概念浙江东日、券商创新国海证券、新文化传媒龙头人民网、白酒股中涨幅最大的青青稞酒等大牛股。

然而，最终盘点，光大金田路却赚少亏多。个中玄机，耐人寻味。

从浙江东日的龙虎榜可推测，光大金田路是该股中后期炒作第一主力。

光大金田路最先出现于浙江东日的龙虎榜单是 2012 年 4 月 17 日，收盘价 12 元。浙江东日累计涨幅已经高达 124%。其中 13 日、16 日连续两天涨停。在浙江东日 4 月 13、16、17 日光大金田三日累计买入和三日累计卖出金额分别为 5159.10 万元和 9481.75 万元，位于买入和卖出的第一席位。

2012 年 4 月 25 日的浙江东日以 2012 年最高价 17.4 元涨停价报收，次日起持续停牌自查。4 月 25 日的累计三日成交信息显示，光大金田路三日买入 9384.40 万元的同时卖出 5839.56 万元，分别位于买一和卖二席位。由买少卖多，变成买多卖少，岂能不知风险?

果然，5 月 2 日复牌，游资和机构将浙江东日砸向跌停 15.67 元，其中光大金田路卖出 1470.57 万元，位于卖三席位。

在浙江东日大涨两倍进入持续调整后，5 月 17 日居然再度逆势涨停收报 14.8 元。光大金田路在当日买入浙江东日 5062.22 万元，位于买一席位。不过 5 月 18 日，浙江东日低开低走，盘中一度跌停，光大金田路不得不割肉卖出 4603.79 万元，短短两天亏损近 460 万元。

**最低价割掉大牛股青青稞酒**

其实在光大金田路的炒作中，亏损不是个别现象。在海泰发展、国海证券、凯恩股份中都可以看到其割肉的身影。当然亏损最为严重的一次就是对于青青稞酒的炒作。青青稞酒于 2011 年 12 月 22 日正式登陆中小板，作为青海省上市的一家白酒股，上市之初就引起了光大金田路的青睐。在青青稞酒上市后的四天内分别买入 3874.87 万元、2257.84 万元、835.73 万元，以及 1463.23 万元，连续四天位于买一席位。四天累计买入 8431.67。不过青青稞酒在光大金田路大举买入后并没有扶摇直上，相反却是大跌不止，1月4日青青稞酒收盘下跌8.83%。光大金田路选择在1月5日割肉止损，卖出6281.40万元，将青青稞酒砸向跌停14.59元。本次个股炒作，光大金田路营业部可谓亏损累累，累计亏损高达2150万元。

有市场人士分析本次金田路亏损的原因时指出，该股上市之初正好遇到白酒股调整，同时在中小股挤泡沫的背景下，新股发行市盈率太高，有剧烈调整的空间。但14.59元几成青青稞酒上市最低价，其后一路上扬股价翻番，光大金田路为谁辛苦为谁忙？

最近的亏损是在锂电池股凯恩股份。5月18日，光大金田路连续三个交易日累计买入凯恩股份1305.28万元，不过5月21日凯恩股份就惨遭跌停，光大金田路又以1177.79万元割肉止损，亏损近130万。颇值得玩味的是，就在光大金田路高位接盘的时候，五矿金田路却高位兑现，并且成功全身而退。五矿金田路在5月17日就买入1036.64万元凯恩股份，在5月18日涨停板卖出1141.78万元，初步估计获利100万元左右。同样在浙江东日、国海证券、青青稞酒、东宝生物、沙河股份的龙虎榜中，光大金田路普遍存在着比五矿金田路"慢半拍"的现象，不是早买就是早卖。

以该次券商股的龙头为例，五矿金田路最早出现在国海证券是4月19日，买入571.31万元的同时卖出46.35万元。第二次出现在龙虎榜的时间是5月3日，大笔卖出1339.92万元的同时买入21.35万元，而该区间国海证券的累计涨幅已经高达24.22%。五矿金田路获利颇丰。而光大金田路则没有如此的幸运，光大金田路最先出现于国海证券的时间是4月23日，当日涨停25.56，就买入14994.29万元，位于买入第一席位。4月24日国海证券涨幅为7.41%，光大金田路买入和卖出的金额相当，仓位锁定正常。不过4月25日、26日国海证券持续调整下探25.4、24.7，光大金田路就于4月25日和26日分别卖出8112.91万元和6982.39万元，这也就意味着4月23日买入的筹码几乎没有赢利倾囊而出。光大金田路没有在本次炒作中占多少便宜，收益与重金投入的高风险相比实在是不成比例。之后在国海证券的炒作中，光大金田路又参与了两次，不过也没有大的收益。

**三进三出人民网，不为盈利为什么**

在光大金田路炒作的近50只个股中，对人民网的炒作是最为成功的。有着“官媒第一股”之称的人民网，一上市就受到了游资的关注，龙虎榜买入前五家营业部为清一色的游资席位。不过极为看好人民网的光大金田路直到其上市后第二天才高价抢筹，以1445.84万元，位于买一席位，直接将人民网拉至涨停的位置。第三天开盘后，人民网跳空高开，强势震荡中光大金田路顺利出货1768.06万元，位于卖三席位。5月4日，人民网回落补缺口，光大金田路逢低买回777.20万元，位于买五席位，在第二天借再创上市新高又卖出790.05万元，位于卖三席位。在5月14日，人民网9.68%，报收46.9元，较31元的上市价大涨50%，不过光大金田路大举买入1987.24万元，位于买二席位。第二天又将前一天买入的筹码悉数抛出，卖出2015.31万元，位于卖一席位。

粗略估算，六天时间，光大金田路在三进三出人民网中获利364万元。但最令人惊叹的是，光大金田路似乎不为赚钱，只为拉抬维护人民网股价。否则，无法解释，第一次买卖、第三次买卖，都是低价不买，非要高价抢筹拉涨停，且第二次、第三次买卖几无获利。光大金田路最后一次卖出后的第二天人民网见阶段性顶部48.04元，最低跌至40.7元。

从对浙江东日的炒作手法来看，光大金田路营业部喜欢高位接盘龙头股，在炒作中喜欢不断地对敲来推高股价。在买入第二天个股没有出现预料的上涨便会强行割肉止损。

**昔日“游资大哥”何以变身“割肉王子”**

其实光大金田路营业部的前身是光大深南中路营业部。在2011年6月份，光大深南中路营业部搬迁至深圳金田路，营业部也随之更名为“光大证券股份有限公司深圳金田路证券营业部”。市场对于光大深南中路的大名可谓如雷贯耳。光大深南中路曾经在2009年5月份对于黄金股的炒作过程中一战成名。在当时机构和游资对决的黄金股炒作过程中，光大深南中路以攻其不备、出其不意的犀利手法，大举扫货，在短短10个交易日就将中金黄金从60元钱的股价拉升至96.45元的高点。

在中金黄金一路高歌的同时，原本走势相对低迷的山东黄金也出现了大幅上涨。从山东黄金极为有限的交易信息来看，参与主力的依然是光大深南中路。2009年9月8日的龙虎榜显示，该席位连续3日买入1.67亿元成为第一买入席位。

之后在“甲流”概念、煤炭股，物联网概念以及海南国际岛概念的炒作过程中，都可以看到深南中路的身影。其出手阔绰、操作大气的风格，成为各路游资顶礼膜拜的榜样。不过就在营业部更名之后，新的营业部光大金田路与之前深南中路的操盘水准可是一落千丈，高位追涨被套后割肉的情况时有发生。比如在2011年在对于迪康药业、三元股份、狮头股份的炒作中频频被套，只得忍痛割肉。该席位一直追求遍地开花的板块效应。以2012年的最热门金改概念为例，比如浙江东日、海泰发展、沙河股份、香溢融通等活跃的个股身上都可以看到光大金田路的身影。不过有券商人士表示，这种操作风格属于典型的追涨杀跌，与以往的资金不可同日而语，充其量只能说形似而神不似。

有市场人士推测，光大深南中路不到两年时间风格发生如此大的转变，很可能与营业部的游资主力出逃有关。实力游资为了避免因市场的关注而带来的不便，通常会过一段时间就换一个阵地。

## 赢家篇：潜伏于大牛股中的神秘女人

2012 年的 A 股市场跌宕起伏，不过国海证券的牛蹄却从未停下脚步。二级市场来看，国海证券在 1 月 6 日启动时股价还不足 10 元钱，5 月 31 日，国海证券就已经创下 29.83 元的历史新高，短短不足 5 个月的时间，区间涨幅接近 200%，仅次于浙江东日，堪称最牛个股。

国海证券集金融创新、高送转以及定向增发等多种概念于一身，在这场快速创富的盛宴中，一些机构、私募中途下车，只抓了几根牛毛。就连作为最牛游资的光大证券金田路营业部几进几出短炒国海证券并没有捡到太多的便宜，但值得一说的是，一个提前潜伏其中、稳坐钓鱼台，很可能成为最大赢家的一位神秘自然人，即国海证券 2012 年一季报披露的第一大流通股股东王素芳。

### 这个女人不简单

王素芳，温州平阳人。擅长长线潜伏于大牛股中。

国海证券是广西的一家上市公司，于 2011 年 8 月 9 日借壳 SST 集琦在深交所上市。国海证券 2011 年 9 月 30 日披露的上市后首份季报中，其十大流通股东，包括 6 只基金产品、1 只信托产品、两个自然人和 1 个公司法人。其中除了公司法人是老股东以外，其他的股东皆为新进股东。其中新股东王素芳以 325.73 万股的持股数，成为当时国海证券的第三大流通股股东。

2012年3月份国海证券最新披露的一季报显示，流通股东发生了翻天覆地的变化。其中2011年三季度进入的诺安平衡、诺安灵活配置、华夏复兴、华夏盛世等基金产品和兴业天津2008—4号信托私募产品已经退出了前十大流通股的名单，取而代之的招商证券集合资产管理、融通产略1号资产管理计划等集合理财产品和博时平衡基金，以及楼华、张慧媛、鹿彦村3位自然人。

随着原来位列第一、第二的流通股东诺安平衡和华夏复兴基金的退出，王素芳一跃成为第一大流通股东，持股数量没有发生任何的变化。假如这之后的一段时间没减持的话，王素芳的账面浮盈将会超过4000万元。国海证券相关人士拒绝透露王素芳的性别及目前持股情况。

而从国海证券股价K线图看，鉴于2012年一季度收盘价16.85元，与2011年三季度收盘价16.58元相当，但远低于2012年5月31日29.58元股价，因此2011年三季度建仓、2012年一季度减持的诺安基金和华夏基金，显然减持在低位，并无大斩获。而王素芳能坦然面对一季度国海证券股价剧烈震荡，乃至一度亏损20%以上，一股不减，有如此的魄力和耐心买入并持有一只大牛股，确实不简单。

其实资本市场上对于王素芳这个名字并不陌生。

广晟有色、包钢稀土、广发证券、乐凯胶片、ST渝万里这些大牛股都曾出现过王素芳的身影。最长的一次潜伏当属对于广晟有色的炒作，其持股广晟有色达4年多时间。

公开资料显示，王素芳第一次驻扎广晟有色是在2009年一季度。其时广晟有色的前身还是ST有色。在2009年1月19日，停牌将近两年的ST有色复牌，在当天暴跌16.46%后，收盘价6.60元。之后便一路飞涨，最高达到22.12元。期间，王素芳和叶玉莲、王孝安、王中秋三个作为关联账户出现，在ST有色前5大流通股东中占据4席，合计持有 ST 有色超过 4% 的股份，不过个人持股比例都没有超过 5% 的红线，四人获利颇丰。

媒体之前披露，自从 2007 年这 4 个账户同时在深圳华强出现之后就经常联袂出现。比如王中秋、王孝安曾同为西藏矿业、山下湖的股东，叶玉莲、王素芳曾同为包钢稀土股东，王孝安、王素芳曾同为航天科技股东等等。显然，这四个人的关系非同一般。据媒体调查，4 个账户中，王中秋、叶玉莲系夫妻关系，温州瑞安人。王素芳、王杰则为温州平阳人。

王素芳和叶玉莲在 2009 年三季度一度减持，淡出 ST 有色 10 大流通股东。至于他们的去向，公开披露的资料显示，王素芳和叶玉莲在围猎 ST 有色之后转战新大陆、东信和平等多只物联网概念股。但是他们对于 ST 有色的视线从未离开。2010 年三季度，王素芳和叶玉莲突然杀个“回马枪”，再次双双进入 ST 有色的十大流通股股东。其中叶玉莲在 2010 年第三季度大幅增持广晟有色 82.53 万股至 286.3 万股，而王素芳在四季度增持 82.53 万股至 243.81 万股。即使以广晟有色的 2010 年三季度最高价 57.97 元为增持价，持股至 10 月 18 日的最高点 101.37 元，叶玉莲的最高账面收益不会少于 1.24 亿元。

在整个 2011 年，王素芳除了在一季度减少广晟有色至 101.01 万股，其他时间皆维持在 142.80 万股。2012 年一季度，王素芳又减持 43 万股，持股数进一步降低至 99.8 万股，位于第八大流通股东。

此外，王素芳还曾现身另外一只稀土概念股包钢稀土的前十大流通股股东中。包钢稀土是 A 股市场上连续几年的大牛股。据 2010 年三季报透露，王素芳继 2009 年第二季度淡出包钢稀土前十大流通股东名单之后，再度现身名单中，持股数量为 338.9 万股，位列公司第九大流通股股东之位。包钢稀土从 2011 年三季度至今的累计涨幅已经高达 90%，王素芳也在此期间选择急流勇退，2011 年二季度至今包钢稀土的十大流通股东已难觅王素芳的身影。不过 2012 年一季度，作为关联账户王中秋的名字赫然列于十大流通股东的第 6 位。

同样，王素芳还在 2010 年三季度券商股行情爆发的前夜潜入广发证券。广发证券的 2010 年三季报显示，王素芳以 157.10 万股的持股量居广发证券前十大流通股股东第二位。二级市场上，不到一个月时间，广发证券 10 月 25 日最高冲至 58.29 元，较 9 月 30 日收盘价 31.22 元，大涨 86.71%。仅广发证券一家持股，王素芳的浮盈就超过了 4000 万元。

从王素芳与关联帐户的炒作路径来看，格外热衷重组股。比如国海证券、广发证券、广晟有色之前都有过借壳重组的经历。在借壳上市之后，择机潜伏进入，短则数月，长则一两年之久，而借壳上市之后这些股票借助于某种概念或者题材便一飞冲天，成为大牛股。

**潜伏西藏矿业，再次雄起仍未可知**

截止到 2012 年一季度，所有 A 股十大流通股中有王素芳名字的只有 3 只股票，分别为西藏矿业、国海证券、广晟有色。王素芳是 2012 年一季度第一次进入西藏矿业的十大流通股股东，持股 180.04 万股，位列第 8 大流通股股东。

公开资料显示，西藏矿业是西藏最大的综合型矿产品开发公司，主要从事铬铁矿、锂矿、铜矿、金矿和硼矿资源的开采及深加工。其产品分别是：铬铁矿，高、中、低碳铬铁（含低钛铬铁）等。公司所属铬铁矿产于西藏山南地区曲松县罗布萨乡境内，是中国储量最丰富、$Cr_2O_3$ 含量最高、Cr/Fe 最高的铬铁矿生产基地，年产铬铁矿 12 万吨。尤其引人关注的是，西藏矿业拥有世界第三大、国内第一大含锂盐湖

（扎布耶盐湖）二十年的独家开采权。

2010 年下半年，西藏矿业被游资借助于“锂电池概念”大举炒作，其股价 4 个月时间翻番。不过股价在见 34.33 元的历史高点之后就逐级回落，截止到 5 月 31 日，其收盘价为 16.13，正好回到了上一轮大涨的起点位置。以王素芳独特的眼光来看，其选择在西藏矿业下跌时候低位潜伏，不知西藏矿业是否有再次雄起的可能。

## 第五节　跟散户抄底：大底让散户走开

经验表明，判断熊市底部的一个重要指标，就是散户离场。只有让散户在底部交出筹码，机构才能成功抄底。鉴于机构不仅有信息优势、资金优势，还有制度优势，大多数散户的命运，要么割肉离场要么留在场内成为机构宰杀的羔羊。

问题是，2011 年底郭树清上任证监会主席，一面反复强调蓝筹股具有罕见投资价值，一面苦口婆心地劝导低端散户离场，称低收入人群和以退休金为主的人群就不太适宜参与其中。难道，郭树清也不让散户抄底？

12 月 4 日市场下探 1949 新低后出现罕见井喷行情。然而，最新数据显示散户与抄底无缘。

中国证券登记有限公司（以下简称中登公司）数据显示，截至 2012 年 12 月 7 日，沪深两市 A 股账户数 16779 万户，持仓 A 股账户数 5555 万户，仅仅占总账户的 33%；12 月 3 日至 7 日一周参与交易的 A 股账户数 730 万户，仅占 A 股两市账户总数的 4.3%。

从上述数据可见，近 7 成散户不持股。95.7% 账户不参与抄底交易。看来，散户是抄不到底的。

**散户离场是大底的标志**

无论迄今长达五年跌幅近7成的熊市还将横行多久，历史大底最终都会到来。但问题是，谁能抄到历史大底？

抄历史大底者必然是少数，但无情的现实是，历史大底让散户走开。散户离场才能形成历史大底。

那么，历史大底形成的散户离场标志是什么？

首先，8成亏损并非大底标志。根据2012年5月14日西南财经大学中国家庭金融调查与研究中心发布的全国首份《中国家庭金融调查报告》，在炒股的家庭中，盈利的家庭只占22%，这意味着高达78%的炒股家庭亏损严重。然而，经验表明，历史大底亏损率至少99%。

其次，罕见的销户潮也非大底标志。中国证券投资者保护基金公司数据显示：截至2012年11月底，总计126万户A股账户清仓不再持股，证券保证金账户锐减2500亿元；销户之后，那些伤痕累累的散户总会留下一句大同小异的话：远离毒品，远离股市，我再也不会回来了。

然而，一边是大量销户，一边是神勇入场。销户的散户人数远低于开户人数。统计数据亦表明，2012年1月—7月，A股新开账户数为367.7万户，是销户数的14.3倍。8月倒数第二周A股新增开户数为9.3251万户，环比增长5.9%。但经验表明，历史大底周开户数应远低于此水平。

最后，“僵尸”账户6成多也非大底标志。中登公司发布的数据显示，截至7月末，沪深两市共有A股有效账户1.36亿户，其中仅4865.81万户近一年内参与了二级市场交易，占期末A股有效账户的

35.76%。其余6成多为“僵尸”账户。在参与交易的账户中，70%持有证券，30%空仓。持股市值在1万元以下的A股账户占比高达39.08%，持股市值在1万-10万元之间的账户占比为47.5%，持股市值在100万元以上的账户占比不到1%，86%的活跃账户都是散户。经验表明，散户活跃时，绝非大底。

看来，只有散户离场才能形成历史大底。

2011年底上任证监会主席后不久，郭树清就在第九届中小企业融资论坛上，苦口婆心地劝导道：尽管中国的股票市场蕴藏着罕见的增长潜力，但是低收入人群和以退休金为主的人群就不太适宜参与其中，应当建议他们更多考虑风险较低的投资和储蓄工具。

这段原本充满人性关怀的善意的喊话，却遭到了极大的非难。有人据此演绎，把郭树清劝告“低收入和以退休金为主的人群”离场，夸张成郭主席要求“全体散户”离场。这些人结合郭树清多达10次以上的关于蓝筹股具有罕见投资价值的喊话，有理有据地质疑道：既然蓝筹股具有罕见的投资价值，却要求散户离场，难道是不想让散户们抄大底吗?

然而，劝散户离场者绝非郭树清一人。

资深市场人士李幛喆认为，对于那些连基础知识都极其缺乏、风险承受能力也相当低下的散户而言，离场是最好的选择。但是一旦入场，就得做好亏钱的准备。“炒股赔钱，有制度和监管的原因，也有股民自身的原因，一味地埋怨别人而不检讨自身的行为，是不可取的。”李幛喆说。

著名的金融证券专家谢百三在接受访谈时，委婉地劝记者也离开股市。资深媒体人张庭宾也在电视节目中向广大散户进行了类似的公开呼吁。

“做空势力能动用多种手段和工具，诸如股指期货、融资融券、转融通等等，来操纵个股的走势。如此一来，散户的生存概率不会超过1%，99%都将会被绞杀。”张庭宾说。

但是，A股是否能像美股等海外市场那样，让散户都悉数走光，而只留下机构在里面互相征战杀伐呢?

答案当然是不能。A股诞生的那一刻，除十来家券商外，买卖股票的，几乎是清一色的大户和散户。1993年2月16日1558至1994年7月29日325的那一场大熊市，除杨百万等少数硕果仅存者外，第一批入市的上海大户们几乎被悉数消灭，唯有散户们还在英勇顽强地、源源不断地向股市输送着弹药。散户们为中国股市的创立、发展皆立下了汗马功劳。在A股逐步走向规范与成熟的征途上，却要把做出了巨大牺牲的功臣们抛弃，于情于理，也说不过去。再者，这也跟十七大提出的增加居民财产性收入的目标相背离。

上海睿信投资管理公司董事长李振宁说，那些劝导散户离场的观点并不妥当。即使在海外成熟市场，散户都是整个市场不可或缺的一个组成部分。没有散户的参与，市场的活跃度将会大大降低，甚至沦为一潭死水。

“一些中国散户的水平还是不错的。我看有的证券营业部里的好多老头、老太太，说起经济形势、K线图、今天发生什么事儿，都头头是道。很多散户做股指期货、沪深300ETF都很熟练。”李振宁说。

何况，众所周知，随着券商、公募、私募等投资机构的大量增加，人才供应出现严重短缺，大量新手走上了操盘岗位，导致许多机构的操作水平并不比一些久经沙场的散户高明。难怪“公墓基金就是大散户”的调侃颇为流行。

## “一赚二平七亏”使然

大多数散户都在赔钱的不正常现象，引来了社会各界的高度关注和广泛同情。散户该不该离场？该不该劝散户离场？

二十多年来，A股“一赚二平七亏”的局面，习以为常。尤其是散户，熊市亏大钱、牛市不挣钱，大多数散户都走不出赔钱的宿命。

李振宁把“一赚二平七亏”的局面，归于熊市的时间太长了，牛市还是可让多数人赚钱。

李振宁把这波熊市定义为，2007年创新高之后，这一路下跌都可以视为熊市，2009年大概涨了70、80个百分点，但2008年跌了70多个百分点，2010年上证指数也是跌了11个百分点，2011年是跌14个百分点，那肯定就是熊市。“2012年大多数时间也是亏的，整个指数就是亏的，所以已经是快5年的熊市，这里边我觉得它就形成了一个恶性循环，因为股市自己有牛熊的运动规律，股市中一个重要规律叫惯性定律，当它形成一种恶性循环之后会不停地去循环。”李振宁对和讯网说。

早在十多年前的2001年1月，中央电视台《对话》、《经济半小时》栏目上，著名经济学家吴敬琏就一针见血，指斥中国股市就如同一个大赌场：

“中国的股市很像一个赌场，而且很不规范。赌场里面也有规矩，比如你不能看别人的牌。而我们的股市里，有些人可以看别人的牌，可以作弊，可以搞诈骗。坐庄、炒作、操纵股价可说是登峰造极。”

话音甫落，立即引起了轩然大波。同为著名经济学家的厉以宁，还联合萧灼基、董辅礽、吴晓求和韩志国，对此进行了公开反驳。

然而，时至今日，十多年过去了，我们的A股市场，仍然如同一个大赌场。某些方面，甚至不如一个规范的赌场。

其一，规范赌场的规则胜算概率对每一个赌客都是公平的。但是A

股的规则却如前文所述，只有利于圈钱的上市公司、坐庄的机构，却对散户充满了歧视；还如同吴老先生所讲那样，股市竟然允许庄家翻看底牌，还让庄家有着大把的机会出“老千”，这在规范的赌场都是不可想像的事情。

其二，规范赌场的规则在较长时期都是恒定的，但是A股的规则，却能在行政力量的干预下，随时变来变去，让投资者无所适从。

其三，规范赌场输赢概率大部分情况各占50%，大输大赢概率均较低。

而A股“一赚二平七亏”的局面，赢的概率10%，输的概率70%，岂不比赌场还不如?

赌场高风险高回报，A股高风险低回报，只管圈钱不管投资回报甚至以亏损为正常，赚钱为不正常。其根源，是证监会并没有把保护投资者利益的政策真正落到实处，证监会只让投资不让投机，结果投资投机均赚不到钱——相反，机构，却既可做多又可做空，一级市场二级市场皆可运作，赚钱更容易。

而在海外成熟市场，在相对公平的制度保护之下，市场的总体趋势大多是牛市，并且具备强大的自我修复和恢复能力，无论是机构还是个人投资者，赚钱相对而言都更加容易。

### 投机不行投资不能

然而，不管散户们愿不愿意离场，绝大多数人不论投机还是投资都赔钱的教训，却是一把不断驱逐他们离场的利器。

股市的最重要功能是投资价值，但是学习巴菲特好榜样的A股投资者们，大多赔得很狼狈。

对于追求长期稳定回报的保险资金、养老金，每年现金分红率比股价波动更重要。然而，中登公司统计数据表明，2007 年—2011 年，A 股无一家公司达到持续三年现金分红高于一年期定期存款利率。让人如何投资？

监管层并非没有做过矫枉过正的努力。尚福林任内的 2008 年，证监会就发文拟要求强制上市公司分红。郭树清上任点燃的第一把火，也是推动强制分红。

但是，反对强制分红的观点大有人在。观点之一，是否分红、如何分红，都是上市公司自己的事情，证监会强制分红是在滥用行政职权。

2011 年 11 月 9 日以来，证监会又先后出台了 4 项管理办法或规定，要求已上市公司完善分红政策及其决策机制、拟 IPO 公司在招股说明书中细化分红规划、分红政策和分红计划，甚至将上市公司再融资与其分红事项相挂钩。

如此督促之下，十多年来一直没有派现的 200 多家公司，仍然在分红方面一毛不拔。与之并存的，是千呼万唤，才从牙齿缝里抠出那么一星半点儿的象征性分红。

有统计表明，从创立到 2011 年年底，A 股累计融资额高达 4.3 万亿元，但是累计现金分红总额只有区区 1.8 万亿元。若再按社会公众股平均占上市公司总股本三分之一计算，投资者分到手的红利更是只有 5000 多亿元，仅相当于融资额的九分之一。

尽管 A 股蓝筹股市盈率已与成熟股市蓝筹股接轨，但其股息率和分红率仍然远远低于成熟股市蓝筹股。2011 年 A 股分红金额占当年净利润的比例仅为 25.8%，实际支付股息率为 1.82%。而在美股市场，现金分红占净利润的比例大都在 50% 以上，金融危机前的股息率也在 4% 以上。二者差距之大，令人咂舌。

所以，柯达、诺基亚等公司的衰落，并没有给投资者带来损失，因为长期的分红早已让他们收回了投资。微软股价近十年来几乎没有上涨，但是每年的分红却已达到影响美国当月GDP的程度。这对目前的A股投资者而言，只有艳羡眼红的份。

综上所述，修改《证券法》，强制上市公司分红，分红比例不得低于50%、股息比率不得低于4%，同时取消红利税，是促使A股回归价值投资本质的根本之道。

然而，李振宁却认为，不能过分看重分红的功效。当然应该鼓励分红，但是依靠股票的上涨去挣钱才会更有财富效应。因为股票是高风险资产，一个跌停或者一个涨停，就会远远超过3个点、5个点的分红。股票也具有高度的敏感性，只要有个风吹草动就会引起涨或者跌。如果没有获取高收益的投机赌博心态，人家凭什么来做？

李振宁分析道，股市的硬道理只有一个，就是涨，“说别的都是扯”。海外成熟市场的确存在类似柯达、诺基亚等公司基本面衰落而投资者仍然能够因为分红而收回投资之类的案例，但是股市不上涨，光靠分红就不会有赚钱效应。比如工商银行，股价4.2元跌到3.7元，跌去0.5元，而分红0.2元不能弥补股价亏损。况且，分红股价还要除权，如果不除权，等于自己为自己分红。

李振宁认为，股市应当是投资与投机并重的市场，只有投资没有投机的市场，就会是缺乏生气的残缺的市场，“股市就得搞活。老把投机看作坏，把投资看作好，就像当初老强调姓资还是姓社一样，那怎么能搞好呢？所以还是咱们管理层的认识得提高”。

### 风险失控的无奈

既然目前仍然不能靠分红挣钱，给散户一些金融对冲工具，对冲股价波动风险行不行？不行。

8 月 27 日，经中国证监会批准，中国证券金融公司发布《转融通业务规则》和《融资融券业务统计与监控规则》，上海证券交易所、深圳交易所和中国证券登记结算公司也随之发布了转融通业务配套细则，标志着转融通试点实质启动。然而，很多具备两融资格的券商为了防范风险，将参与两融的保证金门槛提高到了 200 万元。

而在此前，先后推出的融资融券、股指期货业务，50 万元的入场门槛，就已令绝大多数散户只能隔岸艳羡了。

这意味着，本就为数不多的几款金融对冲工具，都不能为绝大多数散户所用。对冲和“做空”模式已经沦为大户和机构们的特权，散户们只有挨宰的份。

有业内人士指出，在为散户设计金融对冲工具方面，可参考海外市场的成熟经验。海外成熟市场在大型股指期货合约推出后，大多都会专门针对类似中国散户的投资者，适时推出迷你型股指期货合约或期权产品，通常其面额不会超过标准股指期货合约的 1/5，也叫作小型股指期货合约。

该业内人士介绍说，1982 年 6 月，芝加哥商业交易所（CME）推出标准普尔 500 股指期货，合约乘数为 250 美元/点。1996 年，CME 又推出了该合约的“迷你版”，合约乘数降至 50 美元/点。2000 年，中国香港推出的“迷你恒生指数期货”，标的为恒生指数，合约乘数是 10 港币/点，而标准恒生指数期货合约的乘数是 50 港币/点。

事实上，海外各个市场推出的“迷你型”合约，无一例外地都受到了投资者的热烈追捧。如今，“迷你型”标准普尔 500 指数期货成交量已是标准版的 20 倍，成为全球成交量最大的股指期货合约之一。香港个人投资者交易量的三分之二，都是迷你恒生指数期货。2004 年，在全球交易量排名前十位的股指期货和期权产品中，迷你型股指期货就占了3位，其余7个皆为期权。

有媒体指出，国内股指期货若能把300指数变动的最小单位修改为0.1点的话，散户们就完全可以参与。

李振宁则认为“迷你型”期指合约对冲风险仍有局限性，对冲风险应该在现货交易规则上下工夫。比如海外成熟市场实行的都是T+0，但是A股却是T+1。如果改成T+0，这样买回来后可以随时卖出去。因为A股经常高开低走，或者因为各种风吹草动而涨跌，T+0方便随时纠错，或者实行更加频繁的波段操作。而按照现行的T+1，如果追到一支当日高开跳水的股票，不能尽快止损。这样，投资者买股票时，除了考虑市场风险外，还得为这种人为的制度因素而畏首畏尾。

“买卖两边都是T+0以后，投资者买了能卖，卖了能买，每天都可以跑很多个来回，这样的市场会是多么火热？股市就得搞活。交易活跃，成交量大，价值投资者反而能沉住、心拿住。”李振宁说。

### 行政干预太多无所适从

绝大多数散户始终都在赔钱的现象，很早就引起了有识之士们的警觉。

2012年5月7日，证监会主席郭树清在全国证券公司创新发展研讨会上说：“把投资者当傻瓜来圈钱的日子一去不复返了。”这句话可以从两方面进行解读。其一，郭树清心里也很清楚，“把投资者当傻瓜”，正是中国资本市场二十多年来乱象丛生的真实写照。其二，郭树清有着强烈的愿望，想改变这种现状，使之走向规范与健康。

事实上，二十多年来，监管层亦做了大量工作。尤其是郭树清上任证监会主席后，也出台了大量改革性政策，诸如修改创业板退市制度、建议上市公司分红、发展公司债、强力打击内幕交易与证券期货犯罪、规范借壳上市和提升 IPO 审核公开性，等等。

一位资深观察人士说，监管层总是宣传风险自担，但是自己却不停地干预市场运行，显得十分矛盾。

著名经济学家华生说，从上市首日的定价、炒作、分红到预警规则等等，中国证监会目前什么都在管，几乎比全世界所有证监会都管得多，越管企业支出的成本越高，投资者的负担就越重。这样管下去的结果，导致价格不能反映市场，反映的都是政府行为。

“人为地干预定价和供求肯定是不行的，证券市场是太敏感的市场，一切干预的信息都会被市场加工，在价格上得到反映。”华生对媒体说，“不是证监会用心不好，也不是他们不辛苦，而是改革方向出了偏差。”

李振宁分析了市场跌跌不休的原因。指出，这波下跌当然和我们经济下行有关，但是和我们政策上打压创业板、打压中小板有很大关系，和查内幕交易打击投机有关，我们老是打击投机，鼓励投资。鼓励投资是对的，但是你也不要去打击投机，投机是股市其中应有之意，你把投机都打完了，股市还有交易吗？什么叫投资，什么叫投机，谁都说不清楚，谁能定义清楚？大家不都买了等着涨吗？股市的硬道理只有一个就是涨，说别的都是扯。邓小平讲中国经济的硬道理就是发展，我说股市的硬道理就是涨。

“我不是说不能查内幕交易，如果它违反《证券法》就查，但你不能大面积地去查，而且你不能查涨不查跌。刚两个涨停板，就赶快给前十大股东打电话，人家本来不想卖的，一看算了，已经两涨停板了，证监会也问了，我还拿着干什么？不跟你玩了，人家赚钱走了。本来人家看好，可能多几个涨停板，不敢弄了，你天天查你天天折腾人家，谁敢做啊？”李振宁说。

## 与十七大提高财产性收入相悖

冷酷的数据背后，隐藏的正是散户们对股市念念不舍、欲罢而不能的矛盾与纠结。

没错，对股市又爱又恨，是他们的普遍心态。跑不赢刘翔，一定得跑赢 CPI，追逐财富的脚步声中，他们对股市充满了渴望。大面积的亏损，甚至“战友”跳楼的噩耗传来，又使他们对股市充满了恐惧。

二十多年来，除最早期嗅觉灵敏并大胆参与其中的，以及在几波短暂牛市中幸运抄底的少数散户得以发财致富之外，绝大多数时间，绝大多数人都在血淋淋地亏损。因为，制度性的缺陷与歧视，一直牢牢地钳制着他们的赚钱功能。

2007 年 10 月 15 日，党的十七大报告首次提出，“创造条件让更多群众拥有财产性收入”。

所谓“财产性收入”，是指家庭拥有的银行存款、有价证券等动产，和房屋、车辆、土地、收藏品等不动产，所获得的收入，包括利息、租金、专利收入、红利、财产增值收益等。如今，通胀横行，银行利息早已是负利息，目前处于宏观调控中的房价早已不适合普通百姓参与其中。车辆，大多数普通百姓购买的都是自驾，而非经营性用途，从买回来的那一刻起，就大幅贬值。土地，都是国家的，那些靠拆迁致富的普通老百姓，在整个普通老百姓群体中，占比少之又少。收藏品，大多门槛高，亦非普通百姓所能参与。

剩下的，就是有价证券之类了。有价证券主要包括商品证券、货币证券和资本证券三大类。而属于资本证券的股票，几乎没有什么入场门槛，又具有巨大的财富效应，所以从它产生的那一刻起，就最适合也最能吸引广大普通百姓参与其中。同样，目前最能有效增加普通百姓财产性收入的途径，就是股市了。

然而，五年过去了，股市却在2000点迎接十八大。较十七大报告发表时的6000多点跌去近7成。

许多人，尤其是监管层，早已对此习以为常，在进行股市风险教育的同时，总是忘不了强调“风险自担”。仿佛散户们大把大把地赔钱，压根就跟自己没有丝毫干系。

中央财经大学金融学院教授、证券期货研究所所长贺强认为，中国证券市场的制度性缺陷所造成的“一赚二平七亏”现象，极不正常。即使是投机型的市场，七个人赚一个人平两个人赔才是正常的。

李振宁说，监管层的一个重要任务，就是得维护这个资本市场的财富效应，得让整体有钱赚，而不是让整体没有钱赚。这样整个市场才可持续发展，如果投资者一直亏钱，看不到赚钱的希望，这个股票还怎么做？历史上，A股到达1500点的时候，美股为2000多点，中国香港为2000点—3000点。如今，全球股市都跌了，但是中国香港是在20000点左右，美股是在13000点左右。“A股呢？又到2000点了，弄得跟十多年前差不多，这能反映中国经济吗？中国经济比二十年前好多少了。这个太过分了……”李振宁说。

眼下，A股的历史大底或许正在构筑之中。但是，一个不容回避的问题是，这个历史大底正在为谁构筑？

如果说战争让女人和孩子走开充满了人性关怀，那么，A股的历史大底让散户走开就显得极其荒谬。对于A股监管者而言，仅仅提醒散户们“股市有风险，入市须谨慎”，还远远不够。

# 第四章　颠覆传统思维

A 股之所以“独立下跌”跌跌不休，之所以出现历史上最长的熊市，与市场主体的传统思维密切相关。只要监管者把市场当圈钱市，把散户当成活雷锋，而非投资者；只要机构把估值当投资圣经，把投机当操盘常态；只要大多数散户习惯于追涨杀跌不肯退市——只要这一系列的思维没有被颠覆，那么，真正的大底就难以出现。

## 第一节　颠覆散户思维：亿万股民不是活雷锋

不改变抄底者屡买屡套、抄底抄到地狱的惨状，不改变亿万投资者被当作无私奉献不求回报的“活雷锋”的现实，A 股何来大底？

而散户改变乱听忽悠一味追涨杀跌的羊群陋习，颠覆寂寞难耐不见兔子也撒鹰的多头思维，才能有效避免主动争当非自愿的活雷锋。

面对 2012 年跌跌不休的 A 股，不禁令人想起 2008 年风靡一时的抄底顺口溜：本以为股市跌到地板，可没想到地板下还有地窖，地窖下还有地狱，地狱还有 18 层。

地板、地窖、地狱，堪称 A 股抄底三大境界。

所谓抄底抄到地板，为第一境界，指抄到熊市之大底的少数抄底成功者。所谓抄底抄到地窖，为第二境界，指抄底过早被套牢，尽管抄底失败受挫，但还有等到解套获利希望，或止损割肉从头再来之可能。这是大多数人抄底的命运。所谓抄底抄到地狱，为第三境界，指抄底失败，资金损失惨重甚至全军覆没，或无法忍受长期熊市折磨，被迫退出股市，用花荣的解读抄底太早成为先烈，牺牲在熊市漫漫长夜中，牺牲在牛市的黎明前。比如 2012 年下半年被强制清盘的两个知名私募就是先烈。

如果把 2132 钻石底比作地板，把 1949 建国底归为地窖，那么，倘若像花荣预测 2013 年击穿 1664，乃至像张化桥预测 A 股最终回到 1000 点，推倒重来，那么 A 股会不会被打入十八层地狱？

不改变抄底者屡买屡套、抄底抄到地狱的惨状，不改变亿万投资者被当作无私奉献不求回报的"活雷锋"的现实，A 股何来大底？

## 亿万投资者何时不再被当作"活雷锋"

赚钱功能原本是股市不可或缺的一部分，却被 A 股活生生地剥脱了。

2012 年 10 月 23 日，中国证监会主席郭树清在陕西杨凌调研时说，支援西部地区发展是中国证监会义不容辞的责任。而在此前，证监会相关部门负责人也多次公开表态，将在 IPO 审核中优先审核西部 12 省市企业。

A 股成立二十年来，为国有企业脱困、非流通股解禁、中小企业融资难、乃至未来 A 股国际板等等，作出巨大贡献，A 股融资额每年都高达数千亿元，雄居世界第一。A 股总市值跻身世界第二。

然而，这些奉献和荣耀的背后，却是 A 股指数涨幅长期熊踞全球末位，是代表A股的上证指数已跌回到十年前、市场成交额已回到四年前地量水平。是80%以上的投资者都在长期赔钱的血淋淋的现实。两相对照，市场渐渐明白了一个“真相”：亿万投资者都是被叫来做“活雷锋”的。

这是一个令人无法相信、无法接受却又不得不面对的内在逻辑。无论是浙江世宝首日上市超过6倍的涨幅，还是中国石油从48元多跌到如今的8元出头，参与的投资者大多深度套牢，上演的似乎都只有这样一个逻辑：监管层只重视圈钱效应，不重视赚钱效应。

把亿万投资者当成“活雷锋”，当成被绞的肉或者待抽的水，迟早会吓退绝大多数投资者，甚至最终导致所有投资者全部油尽灯枯。

未雨绸缪防患未然的要诀，不仅仅需要彻底扭转制度性的纰漏与歧视，也不仅仅是改变落后的监管理念那么简单，而且需要颠覆深入到骨髓的排斥“钱生钱”的传统文化基因。只有当监管层自内心深处，真正清晰地认识到股市赚钱效应的重要，不再把亿万股民当作雷锋，为股民合法赚钱避险创造一切条件，最终实现彻底市场化，那时候，A股真正的大底才会到来。

### A股赚钱效应缺失谁之过

履职证监会主席以来一直厉行改革的郭树清，在十八大期间坦承监管层应该对股市下跌承担一定责任。这是中国证券市场成立二十二年来，证监会“一哥”首次对股市下跌公开认错，随即引发了社会各界的广泛讨论。

20世纪80年代，中国开始发行股票；90年代初，正式开市交易。其时奉行的是拿来主义，以海外成熟市场为老师，照猫画虎。但画了二十多年，最终却只画来了融资功能，画丢了赚钱效应。除了上述融资指标远远超过海外成熟市场之外，决定股市可持续发展的制度层面却存在着巨大的差距。

显性的差别，主要是技术细节的差别。比如海外成熟市场实行的多是T+0交易制度，任何交易时段都可以自由买卖，交易次数和涨跌幅度都没有限制。而A股却偏偏实行的是T+1交易制度，头天买第二天才能卖，并且还有严苛的涨跌停板限制。于是乎，类似港股市场上那种一年涨出140多倍的疯狂个股，A股投资者恐怕想都不敢想。于是乎，潜伏于一级市场“打新”与潜伏于ST之中炒重组摘帽一度成了市场追逐投机暴利的不二法门，偏偏监管层为抑制投机又推出了新股上市首日的涨跌幅限制、ST警示板限制及个股跌破面值退市的新政，结果一度引发了新股上市开盘破发，以及ST、B股持续跌停。

毋庸置疑，郭树清一年70多项新政的背后，是监管层对股市投机的深恶痛绝。然而，投资和投机，作为股市的两条腿，缺一不可。正如上海睿信投资管理公司董事长李振宁所言，只有投资没有投机的市场，就会是缺乏生气的、残缺的市场，“股市就得搞活。老把投机看作坏，把投资看作好，就像当初老强调姓资还是姓社一样，那怎么能搞好呢？所以咱们管理层的认识得提高”。

A股二十多年运行的现实，是从散户到机构，从保险到QFII，大家都在投机。为了扭转这种局面，管理层开始强力打击投机、鼓励投资。殊不知，A股目前从整体上并不具备投资功能。管理层打击投机、鼓励投资的结果，是投资不行，投机也不行；既没有投资文化，也没有投机文化，参与的资金也就呈现越来越少的趋势，大盘自然越来越熊。股市存量资金从维持多年的万亿保证金规模，降至目前的6000亿保证金水年。2012年平均每月流失200亿。

而A股跟海外成熟市场的另一差距，是重融资轻回报。

最显著的表现，在于分红率和股息率的差距。巴菲特倡导的价值投资理念在海外市场大行其道，其中一个重要原因，在于其分红制度在相当程度上保障了赚钱效应。所以，柯达、诺基亚等公司的衰落，并没有给投资者带来损失，因为长期的分红早已让他们收回了投资。微软股价近十年来几乎没有上涨，但是每年的分红却已达到影响美国当月 GDP 的程度。1972 年在港股发行的长江实业，发行价不过 3 港元，如今股价高达 140 多港元。如果股民自其上市之日就买下了该股票，并且得到股息后再追加购买，如今的赚钱效应就达到了两千多倍。股息赚的钱，跟股价上涨赚的钱，几乎持平。

这对目前的 A 股投资者而言，只有艳羡眼红的份。学习巴菲特好榜样的 A 股投资者，追逐亚洲最赚钱的公司中国石油，绝大多数都被深度套牢，若以其股价最高点的 48 元多到如今的 8 元多计算，按照 A 股的分红率和股息率，最快也要 140 多年后才能回本。于是乎，“中国石油是为儿孙辈买的股票”，就成了投资者们最为苦涩的自我解嘲。

很难想像，这样一个缺乏赚钱效应的市场，会成为一个健康而强势的市场。2008 年金融危机五年来，美国股市已回到历史高点附近的 13000 多点，欧洲股市也在逐渐恢复之中，甚至连面临债务违约的希腊，其股市 2012 年反而涨了 80% 多。但 A 股却始终呈现出跌跌不休的态势，“1993 年 A 股到 1500 点的时候，美国才 2000 多点。现在美国 12000 多点，A 股才 2000 多点”李振宁说，“我们为什么就弄得跟二十年前差不多？这能反映中国经济吗？中国经济比二十年前好多了。”

中国政法大学资本研究中心主任刘纪鹏把板子直接打在了中国股市制度和监管层身上，并认为审批制度是造成不公平和低效率的直接原因。他将证监会比作兼具选美和抓坏人两种职能的警察，并说警察在履行职能时，精力一定放在选美上，而非抓坏人上。“选美，沾各种光不说，还没有风险。审批就像选美，（证监会）还替股民搞价值判断，股民很惨。”

海通证券首席经济学家李迅雷认为，板子不能全打在监管层身上，投资者们也有责任，各个市场参与主体都应该积极反思。目前炒新、炒短、炒小这些现象的盛行，都跟价值投资理念相违背，都显示出A股投资者自身还很不成熟。而A股目前赚钱功能很弱，并不能说明制度设计者刻意要把这个市场搞成圈钱的市场。“这个更多的是历史性问题，毕竟中国股市只有二十多年的发展时间。”他说。

### A股四不像

2011年以来，A股走出与海外市场不同的独立下跌走势。

海外市场弱势时，A股总是跟跌，海外市场强势时，A股照样跌，下跌便成了家常便饭。于是乎，A股总是上演“杨百万进去，杨白劳出来；宝马进去，自行车出来”之类悲剧，似乎也再正常不过。

遵循愿赌服输的民间古训，前提是输得明明白白，心服口服。但是无数A股投资者赔出去的钱，却个个赔得稀里糊涂。大家无论是来投资的，还是来投机的，目的都只有一个，那就是赚钱。即使是零和博弈的赌场，在规范、公平的游戏规则下，都能有赚钱的示范效应，都能有赚钱的希望与预期。但是，A股投资者却没有获得这个预期的荣幸，他们看到的和感受到的，总是悲观与绝望。

20世纪90年代初，邓小平在回应姓资姓社之争时，曾有句名言“发展才是硬道理”，引申到股市可以理解为，上涨才是硬道理。当时的中国证监会对股市暴涨暴跌的走势，也曾经提了个口号：稳中有涨，涨幅有限。这个口号体现出上涨才是硬道理。然而，当年的维稳稳中有涨，涨幅有限，已被今天的维稳异化为稳中有跌，跌幅有限，上涨才是硬道理异化为下跌才是硬道理。

以历次党代会为例，每次召开之前都会有大资金入场保驾护航，保证指数的平稳甚至上涨。但A股诞生以来的五次党代会，早则召开之日开跌，迟则闭幕之日开跌，总之逃不过一个跌字。2012年十八大闭幕前，尽力维持上证指数在2000点以上，但是，会议闭幕后，19日即击穿年内低点1999点，创年内新低。

日前，上交所豪情满怀地宣称到2020年，市值将扩大到70万亿元。根据业内人士计算，如果沪市不扩容，意味着上证指数将上涨4倍达到8000点。如果扩容，实现70万亿元目标的结果就意味着指数可能跌得比现在还低。毕竟，市值是股本与股价的乘积。如果支持市值的资金量有限，股本增加的代价一定是股价下跌。其中所反映出来的问题，是监管层一心只想着如何尽快做大市场，快速扩容，却唯独没有想着让投资者们都能赚到钱。

在这种情况下，中国既会由于体制桎梏了创新而出不了乔布斯，也会因为市场不欢迎价值投资而过早地扼杀了“中国巴菲特”。中国学生跟海外老师之间的差距，也会越扯越大。如果说十八大报告所提出的“美丽中国”概念令所有国人神往不已的话，以此类推得出的“美丽A股”概念，同样催人振奋。所以，一个只知道圈钱，只知道不停做大市值，却不思回报股东，也没有赚钱效应的股市，一定丑陋不堪。

“一个国家的股市，特别是新兴股市，如果持续下跌超过50%，就叫作灾难。我们国家二十年已经发生了两次了。”刘纪鹏说。

这一切，不免让人困惑莫名。海外经过至少二百多年摸爬滚打沉淀下来的东西，大多趋向成熟。你搞拿来主义，拿来就用，然后在摸索前进中逐步积累经验教训，在这基础上再进一步发展完善，这么简单的方法论，看起来并不复杂，何难之有？但是你却拿来就改，改了再用，最终改成了个四不像。这就跟日本韩国之类国家都能搞好足球，偏偏我们中国足球就搞不好之类问题如出一辙。

事实证明，几乎所有在西方被反复证明卓有成效的东西，被拿来过后，最终都在这片土地上变成了四不像。往近了说，是意识形态的相互排斥。往深层次探究，却是中西文化不能兼容。所谓“中学为体，西学为用”，到头来统统让东方式文化惯性占了上风，而东方文化惯性的长处与劣根，并没有被主导者清晰地认识到或者有效地加以辨别；同时，西方文化中行之有效的长项，往往会被想当然地武断地加以变异乃至毫不可惜地舍弃。

**监管层怕跌更怕涨**

其缘由，在于历史的包袱。往最近处看，是“姓资，还是姓社”的历史包袱。尽管20世纪90年代，改革开放的总设计师邓小平已经号召大家解除了这个历史包袱，但是二十多年来的运行现实却又真真切切地表明，肉眼看得见的包袱仿佛已经从许多官员的肩上解除，肉眼看不见的包袱还牢不可破地占据着许多官员的头脑。

在这个包袱之下，中国的市场经济也显得非常奇特，奇特得总是戴着计划经济的镣铐跳舞。资本市场，原本是市场经济的最高形态，而中国资本市场却是在政府的控制之下运行，而不是主要靠市场自身的运行，市场的有效性自然大打折扣。这种伪市场经济体制渗透在股市里，最终搅合成了一个不伦不类的怪胎。在这种情况下谈赚钱效应，确实勉为其难。

纵观当今世界各个经济体，凡是政府干预主导型的经济体，如日本和俄罗斯等，起步阶段总是显得异常亢奋地高歌猛进，但是却都无一例外地会留下相当大的隐患。这些隐患注定这些经济体个个如同霜打了的茄子，迅速地衰落了下来，其兴也勃焉，其衰落也忽焉。而由市场主导的经济体，如美国，却有着强大的生命力，因为市场的资源配置能力和自我修复能力，非政府干预所能代替。当然，在此并不完全否认政府干预的重要性；当市场病入膏肓失去自身活力的时候，政府干预的作用就显得极其重要。但在总体运行格局上，“小政府 + 大市场”是目前为止最为理想的格局。

所有问题的根子，背后都有中国文化的影子。如上所述，所有在西方社会行之有效的东西，到了我们这里个个变得病病怏怏，都打着深深的中国文化的烙印。不错，中华文明上下五千年，文化灿烂犹如满天星河，但封建的余毒却也深入骨髓。封建社会最大的特色，就是重农抑商。那时候，搞工商业的商人，从来都是一个饱受主流价值观歧视与排斥的群体。后来，在西方资本主义强大国力的冲击之下，几经折腾，或者说饱受蹂躏之后，痛定思痛，实业致富才被主流社会所认可，但是在骨子里，至今仍然瞧不起金融致富和投机致富。

天下攘攘皆为利来，天下熙熙皆为利往。这种无利不起早的古今智慧，原本描述了最为真实的人性，却长期被主流文化所漠视。于是，在引进西方资本主义经过无数血与火的洗礼成长起来的东西时，总是会不自觉地拒绝兼容，总是要进行一番符合自我价值观的改造，也总是会改得面目全非不中不西。因为在内心思想的深处，国人就对这种东西抱着强烈的抵触心理。这在决策层身上，表现得尤其明显。反应在股市上，就是一方面放任一级市场的圈钱文化横行霸道，另一方面对二级市场的投机文化却如临大敌。

20 世纪 90 年代中期，中国第一轮大牛市引发了第一次全民炒股潮。用官方媒体的话说就是，工人不做工，农民不种田，学生不上课。言辞间充满了忧虑与歧视。或许，监管层由此汲取的教训，竟然是股市不能有财富效应。于是果断出手调控，硬生生把火爆的行情调控了下去。2007年，第二轮大牛市引发了第二次全民炒股潮，再次被监管层打压了下来。这一次，刚刚崛起的中产阶级群体作为新股民新基民遭受重创。

李振宁明确指出，证监会的重要职责不是打击投机，而是得保证股市整体有钱赚。“老是怕人家炒，老是打击投机……你天天折腾人家，谁敢做啊？这跟管理层的观念也有关系。”李振宁说，但这也不能全怪证监会，中国整个社会都是“不患寡患不均”，生怕机构在信息上比散户占了便宜。“我听说前段时间规定了个东西，规定机构来调研了，董秘讲的东西得跟公开的信息一样——全讲的一样，大家都看报纸不就得了，还调什么研？还用你们写报告吗？甭写了。全世界，高盛、美林、花旗银行、德意志银行，都没有这么干的。”

一方面号召大家进入股市投资，另一方面又对赚钱效应进行打压，决策层的言行显得矛盾而又分裂。对股民的欢迎与爱护，也恍如一出新版的叶公好龙：俺们爱护的是你们的“雷锋”精神，但你们最好不要赚钱。

于是，中国股市的生态文化，硬生生被变成了一赚二平七亏。使得大家都感到异乎寻常的绝望。在这种情况下，深沪交易所还去全球招商，效果可想而知。还想让老外们也来做活雷锋白求恩么？价钱和门槛再低，没有赚钱的氛围，人家也不会来。事实上，在正确的维度下，投资者利益尤其是国内投资者的利益，跟国家利益不仅不是矛盾的，反而是完全一致的。市场走牛，既符合个体利益也符合国家利益，何乐而不为？

而在海外成熟市场，监管层只有护盘的干预，不会有砸盘的举动。美股每次暴跌之后，监管层总是会想方设法稳定市场，从技术和制度层面去解决问题。但是在A股，却总是重复性地犯着同样的错误，每次下跌之后都没有像样的深刻反思，下次还是同样的问题引发暴跌。二级市场的投资者不断为政策失误交学费。

而李迅雷的观察角度，则比上述论证更为独特。“我怀疑目前A股的估值体系紊乱，跟传统思维模式多少有点联系。”李迅雷认为，中国人辩证逻辑和形象思维比较发达，但形式逻辑却不够。政府部门起草的文件就体现了这一点，既要实现这个目标，又要实现那个目标。比如“要多快好省建设社会主义”，又要多又要快又要好又要省，这四个目标能否同步实现？实际的结果怎么样？

李迅雷说，中国投资者也是这样，大多喜欢听故事，但是却不关心估值和成长性。“给透明度高的企业低估值，给透明度低的企业高估值，给赢利模式不稳定的中小企业高估值，给盈利有保障的大企业低估值，这显然是不符合形式逻辑的。”

李迅雷向投资者推荐了他在《华尔街日报》发表的《中国投资者为何喜欢讲故事，而不喜欢讲估值》。该文阐释道，中国人喜欢到境外参与博彩活动，澳门赌场的主体人群来自内地，这与理性投资活动存在明显分野。国人的这种偏好，可能与传统思维模式有关。这可以从文字起源说起。汉字起源于象形文字（甲骨文、金文是象形文字），音、形、意相互联系，为形象思维提供了方便的工具。汉语原来没有系统的语法，没有标点符号，动词没有时态，名词没有阴性、阳性、单数、复数之分。而东方传统思维的特征大体是归纳能力强，逻辑演绎推理弱，辩证逻辑能力强于形式逻辑；注重局部与个案经验，忽视整体思维，缺少理论框架。

李迅雷在该文中强调，从追求长生不老药到期望刀枪不入，从大跃进时提出“人有多大胆、地有多大产”，到之后提出的各种不切实际的口号，都反映出“非理性预期（意愿）”在中国仍然有广泛的人文基础。在股市上，则表现为A股市场上经常会给予那些八字还没一撇的公司很高的估值，而在H股市场上这些公司则备受冷落。

“中国传统思维特性对A股估值体系紊乱的影响有多大，确实很难估算，但对中国股市价值投资理念的形成，对于公司治理结构的完善，其阻碍作用是显而易见的。”李迅雷说。

**没有赚钱效应，何来A股大底**

这两年，文化强国，正在成为又一场举国体制。这是一件值得大加褒扬的好事。但是，种种迹象表明，这个文化，仅仅是被当成了又一种如同股市那样的圈钱工具。而不是最为本真，最有爆发力也最能持久的一种思想和精神。而这些年来，举国体制的另一个偏颇，是太过重视物质享受却忽视了精神的塑造。

金融强国也该被提倡。华尔街的金融力量，对美国的崛起并走向超级大国起着决定性作用。但现在，中国强势之路仅仅依靠银行，也作用有限——连战略性新兴产业都搞不起来。日本也是金融立国，但是当银行充当购买房地产和股票之类的主力军时，最终拖垮了日本的经济。中国的现状是逐渐步入老龄化社会，支撑前三十多年强劲发展的动力——人口红利慢慢消失；加薪，也终有尽头。最为靠谱，也极其强大的一股力量，是增加老百姓的财产性收入，把十七大和十八大报告真正落到实处。民富后的活力、持久力、爆发力，均当令人叹为观止。从民富到国强，亦将极其自然顺畅地过渡。

一个重要的途径，就是痛改文化基因，转变思想观念，恢复股市的财富效应。提倡无论是投资还是投机致富，只要合理合法，就是光荣的，就应该获得好评。让大家都理直气壮地追求财富，增加财产性收入。鼓励养老金、储蓄资金进入市场，并保证他们能获得长期、稳定、规范、较为高额的回报。也就是说，让大家不仅能赚钱，而且稳定地赚大钱。给中国式巴菲特的成长，提供舆论的好评、土壤的营养和制度的保障——不能让巴菲特只能在美国诞生。

可以说，股市能解决的很多问题，为金融所不能及。股市的问题，是战略决策的问题。而股市最为本真的定位，是优化资源配置，既为优秀企业和经济发展服务，也能给投资者带来稳定而客观的收益。可以说，中国股市的前途，事关中国经济的生死存亡。无论经济转型，还是产业升级，都得依靠一个健康而强大的股市。

这种意义上，当监管层真正清晰地认识到股市赚钱效应的重要，不再把我们的亿万股民当作雷锋，从真正鼓励股民赚钱起步，最终实现彻底市场化，那时候，真正的“政策底”，就会真正地到来。

著名财经评论家水皮认为，证监会的责任，就在于既然管“生”，就要管“养”。如果不想管“养”，那么也就不该管“生”。不能一方面牢牢把着发审权，另一方面又要求投资者风险自担，权利和责任相分离，不仅自欺欺人，而且自相矛盾，所谓市场化必然导致伪市场化，所谓新股改革依然是换汤不换药，所谓资源优化配置果然沦为资源浪费，市场定位从为国有企业解贫脱困服务到为家族企业暴富变现，改来改去走不出圈钱的怪圈，做到融资和投资的平衡就是管理层的责任，这个责任如果管理层不承担，那么就没有人能够承担，因为总量控制只有证监会能把握。

水皮说，对于投资者来讲，在乎的只是收益，能让大家的财产性收入呈现正增长的就是有本事的证监会主席，否则说破天去一样是忽悠人的证监会主席。郭树清上任一年多，说的多做的也多，但是指数不捧场，照样跌了400多点，想不挨骂是不可能的。

可以预言，如同中国足球体制不变在未来五十年之内都不可能冲出亚洲一样，如果中国股市不能有效保障赚钱效应，未来二十年可能复制超长期熊市走势，亦如20世纪30－50年代初的道指，亦如20世纪90年代至今的日经225指数。

## 第二节　颠覆多头思维：全面做空时代，切莫轻言牛市

股指期货、融资融券、大小非终结了A股的多头单边市时代。底部的构成，不再取决于估值底多头抄底，而是取决于空头借大小非减持与转融券能砸到什么价位。

2012年5－11月A股经历一个惨烈的最长下跌周期，其中5－9月的月线四连阴是2004年9月以来第一次。乃至，2012年差点创造A股史无前例的年线三连阴。为什么在全球股市一片涨声中A股却如此之熊？其中很关键的一点是，继2010年沪深300股指期货推出终结A股多头单边市之后，随着2013年转融券出台，A股将步入全面做空时代。

2012年11月中旬一则中国证券金融股份有限公司（下称“证金公司”）计划在年底前推出转融券业务的消息，成为压垮多头2000防线的最后一根稻草。尽管此传言无人辟谣，但最终未变为现实。于是持续下跌7个月的大盘终于借2013春节前IPO暂停的传言，在2012年12月4日1949启动一轮报复性反弹，收复下半年失地。

此前，证金公司曾计划于在2012年10月1日前推出转融券业务。或是由于维稳而推迟至年底。使大盘在9月26日1999启动一轮维稳反弹。但是，该来的终究要来。随着转融券2013年1月底出台，A股随即在2月18日见顶2444开始持续调整。

当然，尽管监管部门始终强调金融创新是中性的，但是，谁都无法否认，大盘大跌对于转融资是最大利好，大盘大涨对于转融券是最大利好。而1949反弹是以银行、地产等权重股主导的。而权重股正属于转融券标的。当前，沪深两市交易所中融资融券标的证券范围主要为上证180指数成分股以及深市98只标的证券。

从沪深300股指期货，2010年4月19日问世以来，除2010年的四个月反弹创历史新高，及2012年12月以来的井喷反弹，两度成为做多工具外，其余时间皆在做空。股指期货这一减少波动、控制风险的对冲工具，已沦为做空工具。沪深300股指期货成为带领大盘不断创新低的元凶。

2010年股指期货及2012年底转融券来临，A股已颠覆传统赢利模式，进入全面做空时代。如果说，过去单纯靠低吸高抛做多赢利时代，可以估值底作为大底的重要依据，那么，做空时代，或许是以做空股指可以砸多低为大底依据。

股指期货成为做空工具主要有几点原因：1. 传统赢利模式颠覆，大底与估值无关，与做空力量有关。做空赢利模式形成：开空仓赢利、融券赢利。2. 机构形成做空统一战线。证监会规定，股指期货，只许机构套保不许套利，于是机构形成做空统一战线。3. 股指期货作为先行指标指引大盘走势，形成强大做空惯性。现货做空筹码有限，而股指期货做空。合约无限，做空无限。2011年以来，与现货成交不断创新低成为对照，股指期货持仓量不断创历史新高。二者共振形成强大做空惯性。4. 大小非借转融券，曲线套利，形成更为巨大做空力量。国有大小非，受利于国资委保持国资控制力要求，不能减持套现，如今借转融券出借手中持股套利。

**转融通之争：利空还是利多**

作为资本市场的一个全新的业务，转融通从开始曝光就充满了争议，对于股市“利空”还是“利多”的争吵似乎从来没有停止过。看多者认为，转融通能够为市场带来增量资金，增加市场中资金杠杆率，加大做多的力量。且先推出转融资，未来时机成熟之后再推出转融券业务，也可鼓励做多。而看空者认为，转融通最多仅1200亿的可融资金，远不能与市场中以万亿市值计的可融券股票（以机构持有的12.36万亿市值股票可融券10%计）相抗衡，

此前有媒体报道，《转融通业务试点操作方案》规定，只要是不存在被禁止或限制进入证券市场或参与转融通证券融出业务、且最近三年内没有与证券交易相关的重大违法违规记录的机构股东，均可以充当转融通业务的证券出借人，包括券商、集合资产管理计划、基金、保险、信托、社保基金、企业年金、其他机构八大类。根据Wind资讯数据统计，截至2010年年底，全部机构合计持有的股票市值高达12.36万亿元。

海通证券分析师朱剑涛师表示，转融通启动之后，理论上讲融券的量要大于融资的量，但是融券方要考虑市场所处位置，实际上不会把融券的量全部用足。即使在海外成熟市场，在股市大跌时融券做空的成交量相对于市场的正常成交量的比例仍然很小。

长城证券一位不愿具名的分析师表示，1200亿仅是证金公司可融的资金。未来债券和银行间市场打通之后，更有数千亿资金有望进入转融通市场。对于人们担心转融通之后大小非通过出借将手中的解禁股来获得利息收益。不愿具名的分析师表示，大小非一般以战略投资者出现，通过股票质押融资可以获得比借券更高的收益，况且借出自己的股票供别人砸自己的股价并不符合自身利益最大化。

不管市场争议几何，转融通对于券商而言是确定无疑的重大利好。2010 年 4 月启动的融资融券业务，从余额千万元到现在的 700 亿元融资融券规模，已经成为众券商最受欢迎的创新业务。但是券商的自有资金太少和交易标的数量太小已经成为制约两融发展的最大瓶颈。一旦转融通正式启动，券商的资金来源和融券标的都有望大幅增加，该业务将形成券商的一个新的利润增长点。

**加强监管势在必行**

中信证券等个股 2012 年的莫名大跌，容易让人联想到曾做空中概股的浑水模式流入 A 股。不过与国外浑水以研报为基础模式做空大不相同。中国式的浑水是通过恶意散布虚假信息的方式来做空。鉴于 A 股中公司治理不规范、信息披露不规范，估值高的问题公司占相当比例，易成为中国式浑水融券做空的猎杀目标。因此转融通启动，管理层应当对这种金融欺诈行为实施更严格的监管措施。

2012 年 8 月以来，张裕、苏宁电器、中信证券等个股遭遇利空突袭，股价在短时间内出现巨大的跌幅。上述股票的断头铡刀式下跌让投资者心有余悸，而且截止到 2012 年年底张裕仍没有回到下跌开始的位置。联系到之前中概股频遭国外做空者猎杀和转融通即将开启，市场参与者惊呼“浑水式”做空公司进驻中国，提前为转融通做空获利方式进行预演。不过监管部门并不认为融券做空并不是市场波动的主要原因。中国证券金融股份有限公司总经理聂庆平表示，从多项数据分析来看，上述股票在大跌之日融资余额远大于融券的余额，而且融券余额占当日成交量微乎其微，因此融券卖出并非上述个股下跌的主因。

但是从公开的信息来看，这些股票的下跌并非和融券卖空无关。例如在苏宁电器大跌之前融券的余额连续增加，短短三天从 1444 万元连续增加到 1891 万元。而且这些股票在下跌当日融券卖出量大幅增加，更加助长了股价的下跌。在融资融券推出之后，可供融券量大幅增加。做空者通过融券做空某板块龙头股达到操纵板块或大盘存在理论上的可行性。

兴业证券首席策略分析师张忆东认为，作为国际上知名的机构，浑水绝非传言中的投机机构。相反浑水的投资以严谨的研报为基础，其成果体现出较高的研究水平，这才是浑水的真谛，而中国式的“浑水”则是通过股吧、微博等渠道发布虚假消息配合做空，这在国外是决不允许的。

因此多位业内人士表明，这种依靠发布不实消息获利的行为无异于金融欺诈。监管者在推出转融通之前应该制定监管的高压线，避免出现恶意制造谣言做空的行为。

值得一提的，过去上市公司财务造假、虚构利润是普遍的现象，而且有券商通过发布不实的研报来推高上市公司的股价。在转融通推出后，如果真有“浑水”式独立调查公司通过精细调研发现上市公司的虚假披露，并对于上市公司做空。这将打击机构的虚假研报和上市公司的造假等不诚信行为，客观上有利于促进 A 股市场的健康发展。

**转融通使散户成为机构猎杀目标**

迄今为止，2010 年启动的融资融券，仅具象征性意味。截至 2012 年 8 月 8 日，两市融资融券余额已达 654.46 亿元（仅占 A 股流通市值 2%）。正是由于目前两融金额占个股成交额比例较小，因此，尽管很多个股融资余额远大于融券余额，但仍不能阻止股价下跌。

而转融通开启后，融资融券最大的一个变化则是标的证券扩容。目前，融资融券试点标的证券沪深两市股票数量不到 300 只，仅占 A 股比例的12%，且均为蓝筹股，从国际市场看，融资融券标的证券数量占比多在50%以上。随着转融通的开启，今后可供融券的股票数量将成倍增长，覆盖的行业将更多。这也意味着转融通的开启是A股做空时代的真正到来，尤其大面积个股融券做空，将使得A股盈利模式彻底颠覆。

上述长城证券分析师认为，目前市场中价格发现的功能并不是那么有效，尤其是存在“垃圾股被溢价”的现象，而投资者只能看空不能做空。但有了转融通的做空工具之后，坐庄就没有那么容易了，拉升过程中必须要考虑市场博弈的力量。这也对于投资研究的机构提出了更多的要求。

可以预见的是，在未来的股市博弈中，散户们将承受更大的风险和处于不利的境地。尽管转融通可以让投资者去借入股票资金去做多或者卖空。但是由于融资融券的资金门槛为50万以上（鉴于证监会2013年4月把融资融券门槛权力下放给券商。部分券商把门槛降至10至20万），因此大多数散户并没有资格进入这个门槛。其次大多数散户都是多头思维，而转融通之后将是多重思维，而散户在操作技术和信息掌握上根本不具备优势。况且机构配合通过融资融券和股指期货两种做空工具，既可以利用资金优势做套期保值，又可以在现货市场上做多空选择，双向操作都能获利。而散户因为资金量小、缺乏专业能力等原因，绝大多数仍要依靠低买高卖做差价获利，容易成为机构猎杀对象。

### 1700多只股可做空

当然，主流观点认为，转融通，只是为投资者提供了一种金融操作工具，其本身是中性的，对股市的运行来说无所谓利好和利空。短期来看，转融通推出初期，先推转融资，后推转融券，对市场属利好。此外，由于用于转融券股票标的规模（不超过该股票流通市值的10%）有限，因此出现大规模卖空炒作的概率极低。而从长期看，会放大交易量，但不改变市场长期趋势。

然而，事实恐非如此。如果说，融资融券股指期货出台A股终结了多头单边市盈利模式，那么，随着转融通的开放，浑水模式广为流行，A股将面临全面做空时代。

转融通业务的证券来源可能包括证券公司自有证券及取得担保权的证券，基金所持证券，保险机构投资者所持证券，上市公司大股东所持证券，全国社保基金所持证券等方面。因此根据转融通的标的筛选细则，两市有1700多家公司符合条件。一旦转融券标的股从现在的不足300只扩容，将对市场带来很大冲击。

中国很多上市公司，尤其是创业板、中小板的股票估值高问题多，时时就能爆出一些负面消息，如果转融通推出，那么这些股票或将成为高危群体，“浑水”们必将利用转融通大肆做空，导致大面积个股崩盘。

转融通虽可为市场带来上千亿的增量资金，但这与市场扭曲的供给压力相比，仍可谓是杯水车薪，即使在连续下跌的过程中，中国A股总市值也已经超过22万亿元，基金、社保、保险资金的持股规模加起来大概占比10%，这其中又有10%的证券可以作为转融券，因此仅仅这三类机构手中的证券就可以抵消掉千亿元的增量资金，那么上市公司大股东所持5万亿元未解禁大小非，以及数万亿元已解禁未减持的大小非，纷纷加入转融券行列，转融券规模至少数倍于转融资。此外在目前市场人气涣散的背景下，有多少人愿以5%-6%利率进行转融资做多?

**能否在弱势中暂停转融通**

在弱市中利好往往会被误认为利空，而利空则会被市场无限放大，转融通到底利好利空姑且不论，但回顾历史，这些管理层所谓的中性政策无一不成为市场持续下跌的诱因。

融资融券业务试点自2010年3月31日启动。4月16日，股指期货正式推出，4月19日开盘，大盘即暴跌4.79%，4月15日的3181跌至7月2日的2319点，大盘下跌27%。3181也成为至今无法逾越的高点。

中国证监会2011年10月28日正式发布《转融通业务监督管理试行办法》，2011年11月25日沪深两市的《证券交易所融资融券交易实施细则》正式发布，融资融券业务试点结束全面推广，与之对应2307－2536反弹在11月中旬结束，一直跌到2132，创下三年新低。

7月份退市新政、风险警示板征求意见稿这两项被称为中性政策或重大利好出台，与之对应的是2132钻石底7月破位，上百只B股，上百只ST股持续跌停。

因此从上述政策来看，在熊市的途中，这些所谓的中性政策均都会引发市场的连续下跌，股指期货影响的沪深300成分股、融资融券影响的是285只标的股、风险警示板影响的是119只ST股，但是转融通未来或影响的是全市场1700多只股票。

**转融通利空大于股指期货**

转融通即将推出，市场对其可能产生的影响分歧较大，利好利空的争论也是不绝于耳，资深私募人士花荣认为，转融通的利空力度将大于股指期货，将起到助跌不助涨的作用。

转融通被喻为中性的政策，而有市场人士把其当做重大利好，称其可提高市场活力，并可为市场注入新增流动资金，花荣表示，转融通如果推出，那么对大盘将是重大利空，力度将比股指期货推出时还要大。股指期货可以不通过卖出股票进行做空，但转融通却覆盖了1700多家上市公司，做空就意味着要卖出股票，因此对于大盘的影响力会更大。

对于转融通是否意味着 A 股全面做空时代来临，花荣表示，就目前的市场看，转融通肯定会是助跌不助涨的，A 股市场历来都是做空比做多容易，拉一个涨停需要几千万元的资金，而如果想砸一个跌停，只需要几百万元的资金，因此在当前的市场环境下，个股将面临很大的压力，由此或许还将催生中国式“浑水”的诞生。

“转融通对死多头将是重大利空，而对于价值投资者来讲，或许将成为利好，因为转融通会促使股票价格快速跌入价值投资区间。”花荣说。

## 第三节　颠覆短线思维：寻找十年涨百倍的超级牛股

对于 A 股投资者而言，最重要的并不一定非要抄 A 股指数大底（尽管绝大多数个股会跟随指数见大底），而是寻找未来十年涨百倍的个股，抄超级牛股的大底。文书概括了五大秘诀：①年利润增长 50%以上且持续高增长。②新兴产业的中小企业。股票市场上的中小盘股。③谨防政策扶持的新兴产业陷阱。④特立独行的企业家是成功之本。⑤一条坚固护城河维护高毛利。

2005 年无锡尚德上市从 20 美元大涨到 2007 年的 85 美元，催生了当年度中国首富施正荣。时间到了 2012 年 10 月，无锡尚德股价却已经从最高 85 美元直线下跌到了 0.85 美元，跌幅 99%，面临退市的风险。

而与之成为对照，苹果自 2002 年的股价 8 美元涨到 2012 年 700 美元，上涨了近 90 倍，市值达到了创纪录的 6000 多亿美元，成为全球市值最大的企业。

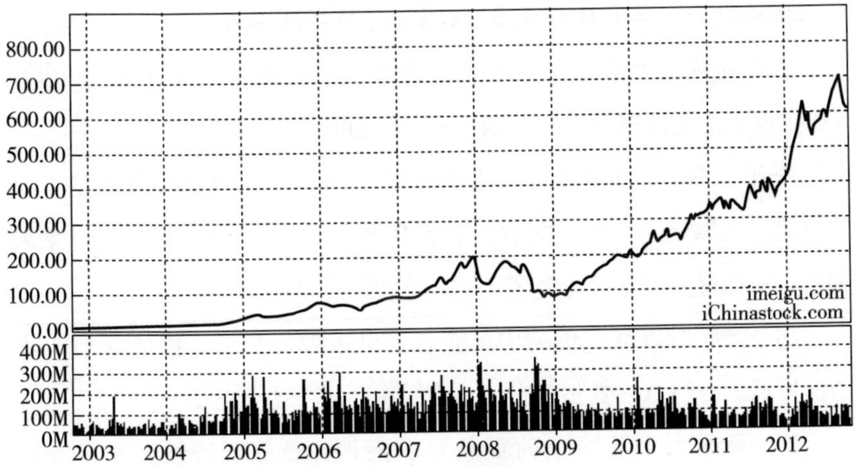


图 4－1　苹果 2003－2012 年走势图（股价单位：美元）

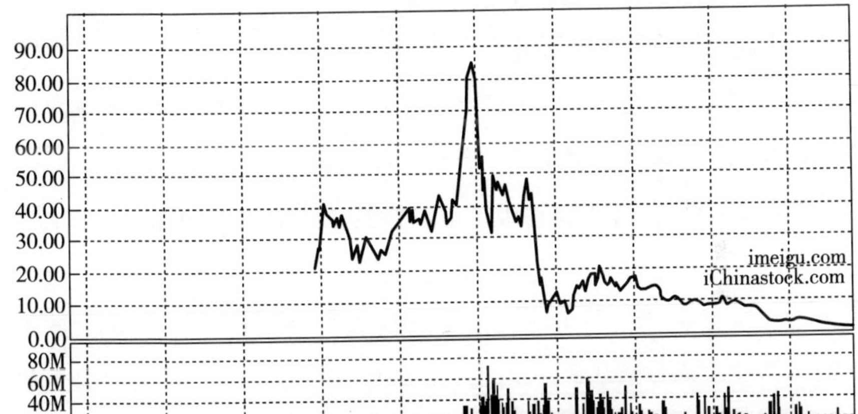


图 4－2　尚德电力 2005－2012 年走势图（股价单位：美元）

苹果赢得了全球企业家的顶礼膜拜，赢得了全球投资者的关注。

对于 A 股投资者而言，现在最大的问题是，如何发掘与苹果类似的、未来十年涨百倍的超级牛股？如何防止掉入与无锡尚德类似的超级熊股陷阱？本书概括五大秘诀。

**秘诀之一：年利润增长50%以上且持续高增长**

前Google大中华区总裁李开复曾经表示，中国在未来50年甚至100年也不可能出现苹果这样的公司。

李开复的这一预测几乎否决了A股市场诞生苹果那样伟大的企业的可能。但即使这一预测为真，我们依然可以在A股市场发掘与苹果有某些相似性，且未来十年涨百倍的股票。

迄今十年股价涨百倍的中国企业，可以列一长串，例如A股上市的深发展、万科A、贵州茅台、山东黄金、苏宁电器等。

这些超级大牛股产生的很重要的条件，是中国持续三十年年均9.8%高增长的经济奇迹。但是，随着中国经济转型启动，经济高增长的结束，未来十年经济增长回落至7%—8%。这些传统行业的超级大牛股能否复制需要画个大问号。

众所周知，买股票实际上是买一家上市公司的未来，但问题是我们怎么识别未来那家公司是苹果，而不是尚德呢?

回首15年前，苹果还在破产边缘挣扎，由于1996年和1997年苹果曾经两度大幅亏损，1997年苹果市值曾降到了21亿美元。乔布斯回归之后，虽然实现扭亏为盈，但其盈利水平也比较微弱，2002年和2003年苹果利润数字基本为零，直到2004年苹果才真正开始利润大幅增长。苹果从1996年亏损10亿美元达到2010年净利润140亿美元，2011年净利润259.2亿美元，预计苹果2012财年的净利润有望冲击400亿美元大关。

过去的十年时间里，苹果股价的涨幅超过80倍，但其每股收益却从2002财年的9美分上涨至上一财年（2011）的28.05美元。每股收益的涨幅超过300倍。苹果业绩上涨与股价上涨基本同步。2012年10月23日苹果收盘613美元股价，动态市盈率仅14.42倍。

中国什么行业才能出现像苹果那样，连续多年每年净利润增幅超过50%的企业？

**秘诀之二：传统行业辉煌不再**

过去的十年间，某种意义上说也是传统行业里的黄金十年。苏宁电器、深发展、万科A、贵州茅台、山东黄金等涨幅达到十年百倍的股票都是出身于传统行业。

其中，仅在白酒行业，过去十年就曾涌现出两大波明显的投资机会，每一波都可以让资产翻10倍以上。如果把握住白酒行业两大波的机会，不用金融杠杆也可实现资产翻百倍。

但是，在未来的十年涨百倍的股票还会出现在传统行业中吗？回答显然是否定的。因为产生这些超级大牛股的环境已不可复制。传统行业大多数产能过剩，市场饱和，竞争激烈，很难再出现爆发式的增长。尤其是银行、地产、钢铁为代表的周期性的行业，受经济周期及经济转型冲击大，随着经济增长减速，过剩产能淘汰，业绩呈衰退趋势。

资料显示，在最初拟定的美国道琼斯成分股中，如今仅剩通用电气仍然留在指数中，其余的股票已经悉数被更换。就因为里面有很多周期性的股票，时过境迁昙花一现。

因此，我们可以预期未来的十年涨百倍的股票必定将会是在新兴产业。

苹果、微软都身处在一个新兴的行业中。实际上，苹果独立创造出了智能手机这样一个崭新的领域。这一新领域不但是硬件范围的，还是一个由工业设计、智能操作系统和无线互联网生态圈共同构成的新未来。

此外传统行业中，绝大多数企业都已经十分成熟。而成熟企业一般处于稳定增长阶段，不会再有年净利润增幅持续超50%的增长。

我们还可以下的一个结论就是，未来的十年涨百倍的股票必定会集中于新兴产业中小企业那里。在股票市场上，就是所谓的中小盘股。

因为中小企业经营策略灵活，专注细分市场，可以充分受益于经济结构调整带来的机遇，受益于新兴产业的迅速发展。相对于大市值公司而言，中小盘股的公司大多处于生命周期的初成长阶段，具备较大的扩张潜力，具有更高的业绩增长空间和投资价值，中国经济长期稳定增长的大背景下，未来将有一批优秀中小企业脱颖而出，成为中国经济的增长引擎。而他们也将会有机会获得更大的增长。

当然，新兴产业意味着高成长高风险，中小企业也意味着高成长高风险，选择新兴产业的中小企业面临双重机会双重风险的迭加。如何抓住机会规避风险？

**秘诀之三：谨防政策扶持的新兴产业陷阱**

尽管新兴产业发掘超级牛股的机会远高于传统产业，但在中国必须特别防范的一个情况就是重复建设，尤其是企业必须注意到千万不要陷入到国家政策扶持的陷阱。作为投资者，一旦发现您所持有的上市公司有政策扶持的成分，也需要小心，因为它可能会转变为一个大陷阱。

举例来看，自2012年9月25日《国务院关于加快培育和发展战略性新兴产业的决定》实施以来，各省市就开始大借东风、蜂拥而上。据不完全统计，目前共有16个省市提出设立财政专项，21个省市提出要设立重大项目和示范工程，23个省市提出建立多层次的投融资体系。目前，不论是央企、民企还是外企，都对所谓的战略性新兴产业投资产生了浓厚的兴趣。

但是，这些受到扶持的行业是最为令人担忧的，因为它们最容易产生大规模的重复建设。就如同几年前作为新能源代表的光伏一样。

当时，光伏产业也被认为是大有前途的战略性新兴产业。2005 年，无锡尚德在纳斯达克成功上市，施正荣因此晋升为当年的中国首富。随后几年，光伏产业爆炸式的发展。多晶硅价格一路飙升，一度突破 500 美元/公斤。

曾经，多晶硅项目对企业和地方政府的诱惑大得让人无法拒绝。企业只要有钱，敢投入就能赚钱。而对政府来说，两三千吨规模的多晶硅项目，可以为当地带来上亿的 GDP 增幅。光伏，新能源产业园区遍地开花。

可是，这样的市场发展势头并没有持续太久。2008 年，全球经济危机使光伏产业迅速降温，光伏产品需求迅速下降。与此同时，国内多晶硅的产能却不断释放。根据中国光伏产业联盟统计的数据，2010 年，全球多晶硅产量高达 16 万吨，与 2009 年的 10.5 万吨相比，增长了 52%。于是多晶硅的价格便一路暴跌到了 18 美元/公斤左右。

因为光伏产品大量出口，卖出了超低价，因此美国欧盟等先后对中国的光伏产品掀起了反倾销反补贴等的调查。10 月 10 日，美国商务部对华光伏双反案作出终裁，认定在美国销售的光伏产品时存在倾销行为，倾销幅度为 18.32% 至 249.96%，决定征收高额惩罚性关税。这导致在这些市场中国的光伏产品出口急剧萎缩。

曾经风光一时的龙头企业如无锡尚德、江西赛维已濒临破产。天合光能 CEO 高纪凡表示，目前光伏企业都在亏损出货，比的是谁亏损的少，整个行业面临崩盘。在美国股市，大量上市的中国光伏企业股价出现了集中暴跌，尚德的股价已经持续低于 1 美元以下很长一段时间了。

除光伏企业之外，一直被大家寄予厚望，并一直受到国家政策丰厚支持的其他新能源产业也都举步维艰。如前些年曾在股市上受到爆炒的风电产业，以及新能源汽车产业，在股市都是一窝蜂开始又一窝蜂结束，雷声大而雨点小。相关企业在现实经营上全部举步维艰。因为这些行业无一例外都是因为政府的扶持政策太丰厚，导致有太多企业涌入了这些市场，结果就导致产业的重复建设和过剩。

要成为苹果这样的企业，除了必须选一个新兴的行业之外，还必须要成为一个行业黑马，成为领袖企业，必须要与众不同。而相关公司必须建立起足够的可以防止其他公司进入的门槛，也就是说，如果他们没有护城河，没有建立起技术垄断、市场垄断或者其他方面的壁垒，其他公司可以轻易地仿效他们。

**秘诀之四：特立独行的企业家是成功之本**

众所周知，没有乔布斯就没有苹果。乔布斯最大的优势，是特立独行的，而不是人云亦云，跟随大众的趣味。

乔布斯曾说过一句话，别问消费者他们想要什么，而要去创造那些他们需要但表达不出来的产品。同样的，亨利·福特也曾说，如果当年他问消费者想要什么，他们会说要一匹跑得更快的马，而不是一部奔驰的汽车。

很多企业热衷于顾客导向，产品行销人员谦虚地使用问卷等方式来接触使用者，直接问他们到底需要什么。乔布斯却从不信这套，他只专注于观察使用者经验，尤其是他自己的使用经验。

因此，乔布斯感受到的就不仅仅是一个个被逻辑和科技理性包围的产品，不是一个平庸的符合消费者最低期望的产品，而是一个令消费者激动的、远超出消费者期望的产品。就如同苹果现在的产品那样，是一个个带有感性与艺术光辉的“创新作品”。

如今的苹果成为了众人膜拜的神话，但在十年之前，苹果还只是一家面向小众市场的 PC 生产商。当时没有人会认为苹果还能够东山再起，连当时的比尔·盖茨也认为苹果根本不可能有转机。更不用说超越微软。

但随后苹果便辗压了其在发展途中遭遇到的所有公司，首先是音乐播放器生产商，2003 年，IPod 成为苹果绝地反击的第一个利器，其推出后立即在市场上掀起了一股购买热潮；随后是手机生产商，iPhone 的推出让全球苹果迷迅速壮大并为之疯狂；之后就是 iPad，在平板电脑领域杀出了一条血路，愣是生生创造出一个从前没有的平板电脑市场；而 IMac 也由于上述产品的强势而在电脑市场上迅速回归。

纵观苹果的成功，我们可以看到其与其他公司相比，显然具有以下特点：

不建自己的生产工厂。显然乔布斯和其继任者都看到，建立工厂是非常消耗现金的。新产品上市之初，新组件技术（比如触屏、处理器、LED 显示技术）的生产成本往往都非常高。但是当产品进入成熟期，这一新组件商品化步伐的加快，利润率将会持续下跌，这将导致投资建厂的企业入不敷出。

苹果自己不去建厂，而是选择让那些拥有最好生产组织和生产技术的厂家来代工生产的方式，从而获得终端产品。在这一市场链中，苹果只负责背后的产品研发，以及市场的推广工作。这使得苹果可以在乔布斯等的带领下，充分发挥美国在创意设计方面的优势，然后再凭借其巨大的品牌效应迅速占领市场。而无须背负沉重的建立工厂所必须的生产制造方面的成本。

相比之下，它的那些竞争对手，那些曾经不可一世的、将品牌运营与生产运营集于一体的企业，包括诺基亚、摩托罗拉、惠普，甚至日本的众多知名家电企业，如夏普、索尼、松下、东芝都出现了巨额的亏损。

据说，美国政府曾有一度给了苹果很大压力，说你们的苹果手机为中国创造了几十万个就业岗位，为什么不在美国做？因此强迫苹果将其海外产业基地转移到美国来，乔布斯就说满足我两个条件就转移，第一，提供3万名工程师，第二，60万美国工人接受比中国工人高一倍的工资水平。

这一下子打到了美国的要害，美国提供不了那么多的工程师，而且美国的劳工成本注定也要比中国的工人昂贵很多。因此美国政府只能让苹果公司继续在中国生产。

**秘诀之五：苹果的模仿秀为什么不成功**

许多中国的企业都想成为中国的苹果。

如今很多人认为，小米手机会成为中国的苹果，雷军会成为中国的乔布斯。正因为有这样的期望，所以小米在风投那里的估值已经达到了40亿美金。问题是，小米能够做到吗？

并且因为有小米的良好示范效应，包括360、腾讯、网易，都宣称要进军手机市场。他们都宣称要和苹果那样，不做硬件，不进入到制造，而只做自己熟悉的领域。

事实上，这些企业的目标都是志不在手机，而在手机后面的用户，他们也希望如苹果那样打通软硬领域，渴望以硬件为契机进入到移动互联网。因为，现在有种观点是，只要有了用户，就什么都有了。人们还举出从前的腾讯和阿里巴巴等的成功先例。而移动互联网是未来发展的方向，又是众所一致看好的。

这种模式看似很美好，它的比照对象就是当年的互联网，想像空间无限。这也是目前无数做互联网的企业涌入手机行业的原因，以至于不做手机的互联网企业都不好意思说自己是互联网企业了。

但是，苹果不怕模仿。苹果的竞争力，都是靠在市场上打拼，靠创新，靠将产品做到了最好取得的。

苹果有格外强大的创新能力。乔布斯本人对团队的要求非常高，据说他无法忍受不够聪明的员工。在他最著名的每周一马拉松式会议里，他会和相关团队检查整个事业体，包含上周公司卖了哪些产品、每一个还在发展中的商品、每一个遇到瓶颈的设计，一件一件仔细检查讨论。

这使得苹果推出的任何一款电脑，其独特之处在于操作系统与硬件之间的完美结合。苹果几乎是业界唯一足以兼顾设计软件与硬件的企业，而其他大部分电脑使用的操作软件与硬件厂商是没有交集的。

不计成本地追求完美，是乔布斯的信念，也是苹果杰出设计的秘密。

产品设计的最高境界，是所谓看不见的设计。苹果关注电源开关显示的亮度与颜色，关注电源线的设计，甚至连电脑内部线路的安排也赏心悦目。因为这些细节的视觉与触感，让苹果的产品独具一格。

苹果产品，无论上面说到的 ipad 还是手机、随身听等，外观都非常时尚、漂亮，工业设计堪称完美。而苹果公司正是抓住这一特点，迅速打造了苹果时尚的品牌文化。这恰恰迎合了年轻一代消费者的需求。今天，时尚一族如果谁没有用苹果产品，简直就是落伍。而这些特色都是很难被模仿的。

苹果的模仿秀并不成功。苹果以永无止境的创新与完美的设计狙击后来者，获取高毛利。

华尔街预测苹果的毛利率为 42% –43%。相比之下，中国智能手机市场各厂家的毛利率从没有那么高的毛利率。据统计国内手机厂家酷派的毛利率 2010 年为 24.3%，2011 年为 14.7%，下降了 9.6 个百分点；中兴终端毛利率 2010 年为 18.99%，2011 年为 15.18%，下降了 3.81 个百分点。另外，联想、华为等智能终端截止到 2012 年，毛利率都在 15% 左右徘徊。

打造十年涨百倍的企业，都需要一条坚固护城河维护高毛利。茅台的护城河是其保密的使用几百年的工艺配方，而苹果的护城河是永无止境的创新与完美的设计。

## 第四节　颠覆不救市思维：中国需要打一场 A 股保卫战

2012 年 7 月 30 日，大盘 2132 钻石底破位。8 月初，有媒体报道，若上证综指跌破 2000 点，政府准备投入 1000 亿元托市。这条既未被证实、也未被辟谣的消息，提出了一系列极具争议的问题。政府该不该救市，该不该直接动用资金打一场 A 股保卫战？如果救市，应当由谁来救市，在何时何点位救市？

股市是晴雨表，也是投票箱。在中国经济增长持续 10 个季度下滑，中国经济转型亟需以消费拉动经济替代传统的投资拉动经济，支持消费的信心比黄金更重要。中国需要打一场 A 股保卫战，同时设立旨在危机干预的平准基金，以维护中国金融安全，稳汇率，稳经济，稳信心。1998 年港股保卫战以多赢格局告终，说明了在股市陷入危机时，政府干预的必要性与可行性。

种种迹象表明，中美货币战争已然开打，而 A 股很可能成为下一个战场。美国的目的，是挑逗中国货币忽松忽紧、金融动荡，经济无所适从。

**港股保卫战的启示**

中国该不该救市，该不该打A股保卫战，可谓见仁见智。

反对者的主要观点是，市场化的股市，政府不应干预。还担心政府资金入市出现亏损，不应为几千万股民利益牺牲十三亿人民利益，但1998年港股保卫战的成功给我们一个重要启示，中国内地也要打A股保卫战。尽管索罗斯攻击当年港府入市干预有悖其不干预金融市场的宗旨，但港股保卫战毕竟给出了一个多赢的完美答案。

索罗斯借1997年东南亚金融危机连番狙击汇市股市期市大获成功之势，1998年6－7月间开始有计划地向香港股市及期市发动冲击，其矛头对准了港元联系汇率制（港元采用一定比例盯住美元的政策）。

国际炒家采用先在汇市上抛空港元，迫使香港金管局不得不采用加息稳定港元汇率，从而借加息打压股市。然后国际炒家便可在期货市场沽空恒指期货，汇市、股市双双获利。

至1998年8月，恒指已经从1997年8月的16820点，跌至6544点。8月14日，一向奉行不干预金融市场的港府正式入市参与股市和期市交易，动用约1200亿港元的外汇基金和土地基金同时进入股票市场和恒生指数期货市场做多，最终至8月28日，恒指期货交割收盘，港府最终打赢了维护港股及联系汇率之战。

港股保卫战对我们的启示有两点：·是干预市场的时机必须是在爆发金融危机时，而平时不干预，这样才能既符合市场经济原则，又使得干预效果最大化；二是汇市和股市密切相关，港股保卫战保卫的不仅是股市还包括汇市，而是国家金融安全。

A股保卫战绝非仅仅稳A股，更重要是稳汇率、稳经济。

2005年998到2007年6124的大牛市的重大推动力是2005年人民币汇改，本币升值，与股市走牛正相关。反之亦然。这是新兴市场的共

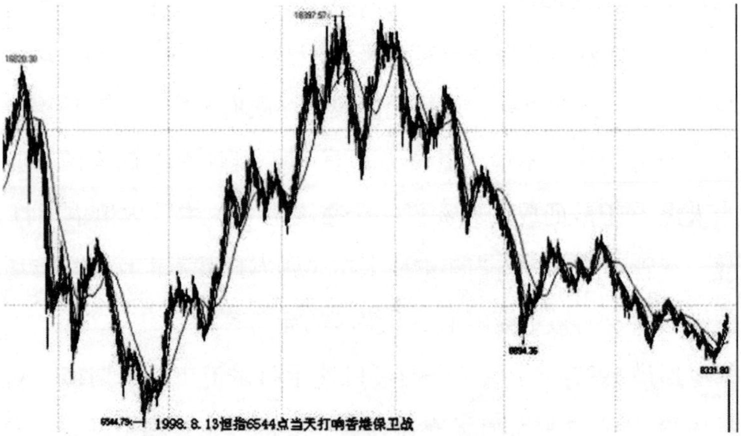


图 4－3　1998 年港股保卫战前后恒指日 K 线图

同规律。汇率不见底，经济不见底，则股市难见底。在某种意义上，A 股保卫战不仅是稳股市，更重要是稳汇率，稳经济。

汇率问题，本质上反映的是经济问题。而目前中国经济正面临内忧外患，中国经济转型刚刚开始，GDP 数据已经连续十个季度下降，对昔日支柱产业房地产的严厉调控在相当长时期内不可能放松，而现在又没有找到可替代房地产拉动内需、拉动几十个行业的支柱产业，作为未来支柱产业的战略新兴产业受制于缺乏核心竞争力及融资困难，尚未成规模。从历史上看，中国以投资、出口为主导的经济结构开始转型与 20 世纪 70 年代的日本和 90 年代的中国台湾较为相像，若参照日本用十年时间转型基本成功，中国台湾耗费二十年依然在转型的经验来看，国内转型即使以最乐观预计，还要持续十年左右。

兴业银行首席经济学家鲁政委就曾多次强调，当前国内经济稳增长出现了方向性错误，不应着眼于拉动投资和刺激国内消费，而是要反思人民币汇率高估的风险，并建议通过人民币贬值刺激出口。国内券商报告显示，2012年欧美进口未下降，只是来自中国的进口被来自其他地区的进口所替代。境外热钱专家黎友焕也说，未来一段时间中国经济都会走得很痛苦，长期不敢说，起码中期人民币汇率是要继续贬值的。

现在的问题是，经济不见底，汇率不见底，股市也不见底。2005年以来人民币兑美元升值25%，截止到2003年1月处于6.22历史高位时，存在一定贬值压力。在漫长的经济转型刚开始时，如果在2000点附近打响A股保卫战，是否有实质意义？

国内经济转型重心是由投资导向转向消费导向。那么中国不得不向全球最大消费国美国学习。美国GDP 90%是由消费贡献。中国GDP中消费仅占30%。美国储蓄率5%，中国储蓄率40%，为什么美国人无储蓄也敢消费，中国人有储蓄也不敢消费？关键是消费信心。美国消费50%来自抵押贷款消费，抵押贷款质押的是住宅与股票。美国人的住宅或股票增值、家庭财产增值时，消费自然上升。纵观百年来，股票市场与房地产市场作为推动美国经济的两大轮子，美国至少维持了其中一个市场的繁荣，以支撑美国经济的发展。2007年次贷危机令美国实体经济包括房地产行业遭遇前所未有的打击，美国房价持续下跌累计跌幅三成以上，美国经济步入衰退，但2009年以来道指持续3年牛市指数翻番，如今距离历史高点14198点仅有几百点的差距，把美国经济拉入持续复苏轨道。尽管现在道指面临中期调整压力，但美国房价已持续数月反弹，美国人对财产升值有信心，才有透支消费的信心。

而反观国内，空前严厉的房地产调控，抑制投资房地产的热情，而股市亦持续多年的熊市，加上多年存款负利率，老百姓不仅难寻提高财产性收入的渠道，还承受家庭财产贬值风险，何来消费的信心？老百姓没有消费的信心，何以拉动内需，实现经济转型？

截止到2012年6月末，中国外汇储备3.24万亿美元，较一季度末的3.305万亿美元减少650亿美元，而贸易顺差二季度比一季度增加了近700亿美元，FDI二季度与一季度基本持平，这样来估算，二季度资本外逃约1300多亿美元。而2011年四季度外汇储备较三季度减少205亿美元，贸易顺差减少170亿美元，FDI增加了40亿美元，估算2011年四季度热钱流出仅75亿美元。值得注意的是，这是十三年来，仅有的两次外储季度负增长。

更令人们所担心的是，国内经济的不景气和长期房市调控与股市的低迷，使得热钱在中国无利可图，将导致热钱大规模出逃，在一定程度上触发金融危机的形成。境外热钱专家黎友焕的研究表明，从热钱角度看，除去国外热钱大规模撤退外，外逃的资金还有很多是国内的产业资本，包括民营资本，民营资本外流，对中国未来的可持续发展、经济基础和社会基础伤害很大。所以在经济下滑、资金外流等多种压力下，金融危机随时都有可能发生。

中国现代国际关系研究院经济安全研究中心主任江涌认为，人民币汇率还在缓慢下跌之中，一旦开放资本项目，热钱大幅出逃很可能导致金融海啸形成，人民币汇率将快速大幅下跌，打回原形当初的8.7∶1，甚至当时黑市的12∶1，都有可能。

因此，A股保卫战旨在通过防范抑制金融危机，稳汇率，稳股市，遏制热钱大规模出逃，维护中国金融安全。

### 打赢A股保卫战需要制度保障

正如港股保卫战中港府采取了限制蓝筹卖空、外汇基金入市，A股保卫战采取的政策除组建平准基金外，还要采取制度配套措施，针对A股的，取消红利税、暂停IPO等；针对汇市，推迟资本项目开放、对出境资本征收资本所得税和赠与税是重要一环。

根据蒙代尔不可能三角的理论，汇率稳定、货币政策独立和资本项目开放三者只能选其二，汇率稳定和货币政策独立是目前中国所不可能放弃的，所以资本账户开放就完全没有必要，一旦开放，热钱进出中国将毫无阻碍，短时间大量快速的进出将导致汇率大幅波动，直接影响中国经济的稳定，同时，自人民币升值以来涌入的热钱将大量获利套现逃离中国，或对外储造成巨大冲击。

但是，现在政府直接动用资金干预股市及汇率是没有必要的，汇率本质是反应一国的经济状况，鉴于中国将长时间处于经济结构转型的现实，决定了人民币有长期贬值的趋势，在长期贬值的趋势下干预不仅事倍功半，反而会影响政策效果，况且人民币自2005年汇改以来已经累计升值25%，期间一直没有出现像样的回调，其实汇市如同股市，涨多了自然要回调，经济向好人民币自然要升值，如今经济有问题，贬值再自然不过。股市也面临同样问题，有人统计，2012年证监会平均四天就出一个政策利好，事实证明，一个个所谓“政策底”均被打穿，无危机情况下随意干预股市，令证监会颜面扫地不说，也令政策底的效果不断淡化。

有专家讲，美元指数70点、道指11000点是美国政府的政策底，那么，人民币汇率、A股的政策底在何处？这需要进行严格的论证。

其实，现阶段最好的干预方式就是不干预，利用市场的力量促进人民币汇率和国内A股的价值回归。等到国内经济探底告一段落，出现相对底部，汇率出现一定幅度的贬值时再出手，或等到美元指数出现类似2008年飙升走势、金砖国家爆发金融危机时再出手。那才是该打A股保卫战的时候。

黎友焕认为，当政府要救市的时候，成立平准基金等措施一切皆有可能，而且，现阶段股市的大跌已经引起了管理层的重视。而从热钱来看，也有热钱进入国内抄底A股的苗头出现。

江涌则认为，现在股市已经成为各方利益者的股市，要救市就要从根本下手，从整治圈钱下手，现在国内的A股市场包括投资者与融资者都在投机，成立平准基金等措施都是治标不治本。现在政府觉得这个股市没有大问题不会干预。很可能在一场比较严重的金融危机爆发之后，政府才会意识到这个问题，届时才有入市干预的必要性。

综上，不久的将来，中国一定会打一场A股保卫战。但愿此前完成平准基金的制度安排及相关准备。而社保、养老金及汇金之类必须赢利的资金，不宜充当旨在危机干预的平准基金的角色。

**我国安全的最大威胁来自金融战争**

尽管中国GDP已经连续十个季度放缓、尽管商务部表示2012年中国外贸增长10%很难完成，但9月底以来热钱照样疯狂流入中国，人民币兑美元汇率照样屡创历史新高，26个交易日居然出现23次涨停。尽管量化宽松使全球股市涨声一片，道指屡创四年新高、恒指创14个月新高，尽管郭树清6次表态对股市充满信心众多利好维稳，但A股照样独立下跌、熊冠全球屡创三年新低，这些金融怪象说明什么？

2012年11月出席第九届中国经济增长与经济安全战略论坛的多名学者与将军纷纷表示，中国国家安全的最大威胁并不在东海南海的岛屿争端，而在金融安全。

从钓鱼岛、黄岩岛争端，到中国宣布石油对外依存度已经上升至57%，作为中东非洲石油必经之路的马六甲海峡战略地位陡增，从“辽宁号”航空母舰交付使用，到十八大报告首次提出建设海洋强国，新中国从未像今天这样需要一支强大的海军。

国防大学战略研究所原所长、海军少将杨毅认为，未来海洋对中国来讲是一个非常重要的领域，因为一方面中国的海上能源通道和外贸通道严重依赖海洋，另外海上的资源也是这样的，中国是一个陆海兼备的大国，所以必须要有一个陆海均衡的国家安全战略，依托陆地，但今后重点还是要走向海洋。

然而，在2012年引发国际争端的钓鱼岛、黄岩岛事件中，最终中国利益并未受损反受益。正如杨毅少将所言，钓鱼岛和黄岩岛在出现争端之前，并没有在中国的实际控制之下，一直都是处于当事双方均维持现状、和平相处，当两处岛屿争端爆发后，中国对两处岛屿均实现了渔政、海监的巡航，以宣示主权，目前两处岛屿反而处在中国的实际控制之下，而幕后主使美国却并未对日本、菲律宾对中国主权挑衅加以袒护，所以，钓鱼岛和黄岩岛事件最终受益者反而是中国。

杨毅少将就“韬光养晦、有所作为”这一邓小平1989年提出的方针政策现阶段是否还要继续下去表达了自己的看法。他说，现在，中国也不能放弃韬光养晦和有所作为的思路，而是在新的形势下，赋予新的内涵。因为近十年来，中国从世界第六大经济体，上升到第二大经济体，照目前发展速度来讲，很可能在未来十五年、二十年后，超过美国成为世界最大经济体。所以，从某种意义来讲，不是中国要放弃韬光养晦，而是世界对中国更加关注了，对中国的动作、反应、态度更在意了。在这种情况下，总体来讲，要赋予韬光养晦新的内涵，也就是说，不逞强，也不胡来。做事有道理，理直气壮，遵守国际规则，按国际规则办事。在这种情况下，体现出一种韬光养晦和有所作为的新内容。所以，该硬就硬起来，对于任何国家，无论是大国还是小国，危害中国利益，欺负中国的时候，不能消极忍让，该斗争就要斗争，该反抗就要反抗，要坚决维护自己的国家主权。

显然，韬光养晦有所作为，不仅体现在处理对外关系上，也要体现在维护国家安全上。

美国国务卿希拉里曾说过，美国遏制中国主要靠两种手段：能源和货币。

值得注意的是，美国不仅可以在必要时封锁马六甲海峡这一中国海上能源通道和外贸通道，而且美国可以通过操纵美元强弱干预国际石油价格涨跌。至于人民币汇率自2005年汇改后一直按美国的要求升值。截止到2012年11月29日，人民币兑美元汇率已经在近期26个交易日中出现了23次涨停，热钱不断涌入，持续推动人民币升值，美国已经实现通过金融手段影响中国的目的。

中国农业银行首席经济学家向松祚认为，人民币汇率连续涨停的根本原因是美国的量化宽松，而这点也是目前中国金融安全面临的最大威胁。

“美国人不用占领中国的领土，但他拥有定价权，他可以向我们输出美元，并把我们的产品和资源拿走，就像历史上所有的帝国一样去占有他国的财富，我个人称之为金融殖民，美国人用这样的一种方式把全球变成了它的金融殖民地。”空军指挥学院战略研究室教授、空军少将乔良一针见血地指出。

北京航空航天大学战略研究中心主任王湘穗总结美国对中国的四个战略：战争、冷战、打压、遏制。

由此而来的问题是，中国何以反遏制？

中国是否可以效仿美国，在必要时在金融市场采取非常措施维护国家安全国家利益，比如以抛售美债遏制美国的量化宽松？比如关闭国内外汇市场或开征资本利得税、狙击资本外逃？

格林斯潘曾公开表示，中国无法用抛美国国债威胁美国。而境外热钱专家黎友焕反而担心美国利用热钱操纵A股，并以做空A股威胁中国。

北京大学中文系教授韩毓海提出了一个耐人寻味的问题，21 世纪中华民族会绊倒在什么门坎上？韩毓海的回答为不是战争，不是动乱，而是金融问题。中国最弱的是金融货币信用。

未来中国和其他国家发生直接军事冲突乃至局部战争的概率非常小，但国家之间的金融战争可能会变得更加现实，也值得我们高度警惕。当我们还在举国关注研制航母应对未来战争时，美国已经开始了金融战争的准备。

据中国国际战略研究基金会高级研究员彭弘介绍，早在 2009 年美国国防部就举行首次金融战争演习，把华尔街金融市场分析、股票、期货、期权、交易、市场风险管理的行家汇集到国防部，以实现战略预警、战略协调、战略指导及制定新的国家政策。演习中唯一使用的武器为金融。在美军马里兰州米德堡军事基地的战争分析实验室内，代表美国、俄罗斯、中国、东亚和世界其他国家的 5 队演习结果，除俄罗斯队提出取消以美元为储备货币、以黄金进行石油结算令美国大吃一惊外，而中国队几无表现。

2012 年举国关注的钓鱼岛、黄岩岛事件中，中国巧施太极不亏反赚。但 2012 年 A 股熊冠全球屡创三年新低，中国亿万股民的财富惨遭浩劫，进入 11 月 A 股融资功能几近枯竭。这背后是否有金融战争的影子？

截止到 11 月 29 日，A 股市值首次跌破 20 万亿元。最近 7 个月，沪深 A 股总市值累计蒸发 4. 3 万亿元，仅下半年 A 股市值蒸发 2. 3 万亿元。此外，两市仅有 3. 35% 账户还在交易，96. 65% 账户被“冬眠”，持仓 A 股账户比例只有 33. 29%。据调查，9 成股民亏损，4 成股民账户资金腰斩，人均亏损 7. 68 万元。

值得注意的是，2010 年沪深 300 股指期货推出后，A 股开始脱离与全球股市联动走势而独立走熊，A 股亦步亦趋地跟随股指期货创历史新低。据统计，中国股指期货交易额远低于印度。但沪深 300 股指期货交易额远高于 A 股交易额。可以想像，A 股市场一旦对外开放，热钱完全可以通过操纵股指期货操纵 A 股，倘若如此，中国的金融安全何在？

王湘穗指出，16 世纪以来成为世界强国的规律，无一不有强大的资本力量，无一不控制世界货币。

向松祚认为维护金融安全的最佳战略是占领全球金融制高点。而现实是中国正失去对人民币汇率与 A 股及国内大宗商品定价权。

向松祚也表达了自己对中国未来金融安全的担忧，他指出目前中国没有金融战略，没有金融战略人才。中国没有巴菲特和索罗斯。巴菲特和索罗斯不是从学校培养出来的。

# 第五章　警世 2013

2012 年 12 月的井喷大阳线，能否把 1949 变成新一轮牛市起点？和讯市场观察团队认为，1949 反弹仅是一轮井喷式中级反弹，甚至连类似 2319 大级别反弹都无法企及，更不要谈牛市。2013 年将是惊心动魄的一年，先杀空造顶再杀多探底。

和讯市场观察团队 2011 年 10 月底以来，通过《议市厅》、《第一观察》以及系列报道的白纸黑字，基本准确地踏准了市场的中短期走势。提示 2478、2476、2453、2444 逃顶，2132、2032 抄底，及时抓住反弹龙头文化传媒、有色、金融创新，是幸运？是巧合？还是拿住了阿喀琉斯之踵？

## 第一节　1949 井喷行情独家揭秘

### 波浪理论铁律排除 1949 反弹为牛市启动

目前市场上最乐观的预测是，C5 下跌在 1949 结束，牛市从 1949 启动。但是，波浪理论可以排除这一方式。首先，波浪理论铁律，C3 不能是最短一浪。若 C5 下跌在 1949 结束，那么 3186 - 2132 跌 1054 点为 C3，3478 – 2319 跌 1159 点为 C1，C3 比 C1 短，不符合 C3 不能是最短一浪之铁律。

与之相反，1949 若为 C4 反弹，则 C1 不变，C3 终点从 2132 改为 1949 可以成立，因为 3186 – 1949 = 1237，大于 C1 的 1159。符合 C3 不能是最短一浪。但若 1949 启动的是 C4 反弹，不能超越 C1 的低点 2319，否则将违反波浪理论又一铁律，C4 不能与 C1 重合。但也可以月线不重叠，C4 与 C1 分别对应月收盘价 2385（2013 年 1 月收盘价，1949—2444 反弹最高月收盘价）与 2398（2010 年 6 月收盘价，3186—2319 下跌最低月收盘价），二者月收盘价不重叠，而忽略不计。

还有一种划分 C4 反弹的方式，C1 的低点从 2319 改为 2639，C4 反弹提升为大级别反弹，不能超越 C1 的低点 2639。具体划浪方式为，C1 为 3478 – 2639，C2 为 2639 – 3361，C3 为 3361 – 1949，其中 C31 为 3361 – 2319，C32 为 2319 – 3186，C33 为 3186 – 2132，C34 为 2132 – 2478，C35 为 2478 – 1949，1949 启动的 C4 反弹，不会超越 C1 的低点 2639，涨幅不会超越 35%，1949 反弹为大级别反弹，不会超越 2319 反弹的 37% 涨幅。

至于 C34 与 C31 重叠，则以分别对应月收盘价 2428 与 2398，仅 30 点重叠忽略不计。

上述两种 C4 反弹方式市场将如何选择，2013 年上半年会作出回答。波浪理论要求 C2、C4 形态交替，若 2 月见顶 2444 回落，以单边下跌持续调整，完成二次探底，以简单型态反弹，对应 2319 反弹复杂型态。则 1949 反弹为中级反弹，若 2 月见顶 2444 回落，强势调整，二季度继续上攻突破 2444 再创新高，以复杂型态反弹对应 2639 反弹简单型态，则 1949 反弹将为大级别反弹。

**型态分析：排除1949反弹为大级别反弹**

1949反弹是3478－3361—2319－3186大调整型态的小相似型态复制，2478—2453－1949－2444。

鉴于2319－3186的反弹幅度是对3361—2319调整幅度0.832的修正，并以量能反弹为100%的修正为前提，鉴于，1949反弹已满足量能反弹100%之前提，以完全复制2319反弹，其最大涨幅，为对2453－1949调整幅度0.832的修正，应为（2453－1949）×0.832＝419，1949＋419＝2368，涨幅21.5%，属中级反弹范畴。即使考虑1949反弹主力为地产、银行板块，走势强于2319反弹，也不可能突破2453－2478（最大涨幅27%，仍属中级反弹范畴）。否则破坏型态相似的对称美。

**空间分析：五年线、十年线汇聚2500点或重创多头**

五年线、十年线汇聚2500附近，与2012年2476大顶共同封杀2013年上行空间。2009年以来，多头四次反扑五年线，均遭重创，其中一次持续下跌500点，其余三次持续下跌800－1000点。尤其值得注意的是，2476出现于2012年唯一的83月周期时间之窗，其作为两年内无法有效突破之大顶的可能，尚不能排除。因为A股历史上83月周期形成的大顶大底，尚无两年内有效突破之先例。

当然，不排除2014年3月之前2476被假突破的可能。但令人担忧的是，一旦出现假突破，可能引发崩盘式调整。历史上对83月周期形成的大顶3次假突破均引发50%－80%跌幅回调。1993年2月1558，是对1992年5月1429的假突破，引发1558－325，80%回调，其中1994年9月1052是对1993年12月1044大顶的假突破，引发1052－524，50%回调，2001年6月2245大顶是对2001年1月2127大顶的假突破，引发 2245 – 998，55% 回调。

**时间分析：击穿 1949 为大概率事件**

从时间上，2013 年走势，有可能同时受神秘的七年周期与二十年周期制约。

因此，2013 年走势的最大悬念是，究竟是依照七年周期复制 1992 年、1999 年、2006 年的走势，还是依照二十年周期复制 1993 年的走势，如果依照七年周期，那么 2013 年高点 2444 点，最迟将在 2014 年春天被向上突破；依照二十年周期，那么 2012 年低点 1949 最迟将在 2014 年夏天被向下突破。

上述判断的依据是，2012 年之前 A 股走势主要受七年周期影响，然而，从 2012 年 A 股走势开始受二十年周期影响。尤其是，2012 年 5 月见顶 2453 后连跌 7 个月于 12 月见底 1949 后，走出井喷行情并在 2013 年 2 月见顶 2444 后回落，与 1992 年 5 月见顶 1429 后连跌 6 个月于 11 月见底 386 后，走出井喷行情并在 1993 年 2 月见顶 1558 后回落，二者惊人相似。尤其值得注意的是，两次井喷行情虽然相隔 20 年，且启动日相差半月，却几乎同时见顶——分别在 1993 年 2 月 16 日、1993 年 2 月 18 日（春节后第一个交易日）见顶，见顶时间表现出二十周年纪念日的对称性。

现在的问题是，如果二十年周期继续主导 2013 年乃至 2014 年走势，参照 1993 年 2 月见顶 1558 后回落至 1994 年 7 月 325 见大底的走势，那么，2013 年 2 月见顶 2444 后回落后的调整有可能长达一年半至 2014 年夏天见大底，换句话说，2012 年低点 1949 最迟将在 2014 年夏天被向下突破。

当然，还有一种可能。若七年周期主导 2013 年乃至 2014 年走势，那么，2013 年应复制 1999 年、2006 年的牛市，至少应复制 1992 年那样先反弹创新高后再创新低。考虑到目前宏观面、政策面、资金面与 2006 年大不相同，却与 1992 年、1999 年比较相似，因此，复制 2006 年的单边上升市几无可能。若复制 1999 年或 1992 年的走势，2013 年很可能形成前顶后底，11 月或 12 月再次见底回升走势。但值得注意的是，若复制 1992 年的走势，市场最终仍将像击穿 1992 年低点 386 创 325 大底那样，击穿 2012 年低点 1949 后才能找到大底。

综上，无论 2013 年，是依照二十年周期复制 1993 年的走势，还是依照七年周期复制 1992 年的走势，最终都将击穿 2012 年低点 1949 后才能找到大底，因此，击穿 1949 是大概率事件。只有发生小概率事件，依照七年周期复制 1999 年的走势，1949 才是大底。

**量价分析：2013 年上半年不可能超越 2478**

股谚云，天量天价，地量地价。可以从绝对水平与相对水平双重意义进行分析。

首先，从绝对水平上，量能顶底与价格顶底的对应关系，根据历史经验，如果后一轮反弹天量不能大幅超越前一轮反弹天量，则后一轮反弹天价不可能超越前一轮反弹天价。比如大顶 3478、3361、3186，对应日天量均为 3000 亿，却呈现为后一顶比前一顶低的状况。与之相同，截至 2013 年 3 月底 1949 反弹日天量 1525 亿低于 2132 反弹日天量 1707 亿，因此只要 1949 反弹日天量不大幅超越 1707 亿，那么 1949 反弹不可能突破 2132 反弹之顶 2478。

其次，从相对水平上，量能放大倍数与指数上涨倍数的对应关系。根据历史经验，在同一天量水平下，量能放大倍数越大，指数上涨倍数越大。比如，同为日天量 3000 亿见大顶，2319 – 3186 上涨 1.37 倍或

867 点，远低于 1664 –3478 上涨 2.09 倍或 1814 点，其中很重要的原因是因为 2319 –3186 日成交放大 6.7 倍，远低于 1664 –3478 日成交放大 13.6 倍。

鉴于 1949 反弹日天量 1525 亿、略低于 2132 反弹日天量 1707 亿、1949 反弹周天量 6084 亿、月天量 2.26 万亿略高于 2132 反弹周天量 5961 亿、月天量 2.02 万亿，鉴于 1949 反弹日地量 331 亿、周地量 1776 亿、月地量 9161 亿，均略低于 2132 反弹日地量 359.9 亿、周地量 1925 亿、月地量 10227 亿，总体上，1949 反弹量能与 2132 反弹量能相近，前者略大于后者。具体而言，日量能放大倍数，1949 反弹稍逊于 2139 反弹，而周量能、月量能放大倍数，1949 反弹则比 2139 反弹略高 10% ~20%。

鉴于反弹日成交放大倍数应远低于反弹涨幅倍数，鉴于 1949 反弹的 25% 涨幅已超越 2132 反弹的 17% 涨幅，且二者涨幅之差已达 8%，逼近两次反弹量能放大倍数（10% ~20%）之差，因此，1949 反弹 25% 涨幅或 2444，已达上涨极限。因此，无论绝对水平还是相对水平的量价分析，至少在 2013 年上半年，1949 反弹不可能突破 2132 反弹之顶 2478。

此外，1949 反弹与 2319 大反弹不具可比性。2319 大反弹的 37% 涨幅，对应月天量（40000 亿）三倍于启动前月地量水平（13000 亿），鉴于 1949 反弹月天量仅 2.2 万亿，且此后日成交、周成交呈现持续萎缩，已不可能达到三倍于启动前月地量（2012 年 11 月沪市月成交额 9000 亿）水平的 2.7 万亿，因此，与之对应，1949 反弹，不可能达到 2319 大反弹涨幅（37%），或 2670（1949 +1949 ×37% =2670）。

综上，1949 井喷行情是 C4 反弹而非牛市。上半年反弹极限应在 2478 以下。至于 C4 最乐观目标位 2670，应在 1949 反弹见顶回落持续调整，二次探底成功后才可能出现。

## 第二节　2013 年独家预测

展望 2013 年蛇年，基于对 A 股基本面、政策面、市场面的全方位分析，再综合考虑 A 股成交量变化、指数波动空间、83 月时间周期以及与 A 股负相关性明显的美元指数，我们认为，1949 井喷行情，最乐观估计是一轮高于 2132 阶段反弹，却低于 2319 大级别反弹的中级反弹，可以排除其为牛市之可能，大盘在 2013 年运行轨迹基本有两种方式，一是继续维持 2012 年全年 500 点或更窄的波幅，若量能配合可能在 1949 – 2450 点之间波动，若量能不配合则可能跌破 1949 点，可能在 1850 – 2350 区间波动；二是全年 900 点的波幅。上半年窄幅波动，先造顶后探底，就像蛇的弯曲前行，然后在蛇年下半年立起蛇身宽幅震荡，大跌大涨。可能在 1800 – 2700 区间波动；总之，借助美元指数的 20 个月底与底周期，A 股 83 月大底或大顶周期，2013 年很可能形成重要顶与重要底。

现在市场的共识是，2012 年中国经济在三季度见底、四季度企稳，也可能会持续反弹 2 – 3 个季度，但我们注意到，一是此前 GDP 已经连续 10 个季度下滑，出现反弹完全合理，二是经济在四季度的企稳是建立在三季度管理层一系列稳增长措施基础之上的，虽然与 2008 年四万亿规模不同，但本质是相同的，即投资基础设施建设，以投资带动 GDP。

因此我们不认同市场主流所认为的中国经济增长已经见底、拐点已经出现的观点。具体来看，消费方面，2012 年 GDP 中消费占比 6 年来首次超过投资，但其中很大程度上依赖的是政府消费，居民消费并无大改观；进出口方面，2012 年全年 10% 的增长目标未能完成，仅增长 6.2%，而世界经济的不景气和人民币的持续升值，更是使得 2013 年进出口雪上加霜；投资方面更是饱受诟病。市场如今的信心更大程度上是来自新任领导人上台所带来的改革决心，新型城镇化是可以稳增长，但若措施不得当就会重走房地产与基建狂潮卷土重来的老路，更别说还有既得利益集团的阻挠和政府的执行效率问题等等。总之，中国的经济结构转型何时完成以及宏观经济短暂企稳后是否继续探底或 L 型增长，还需要很长一段时间来观察，现在下结论还为时尚早。

国际经验表明，经济转型期的国家股市很大概率持续低迷，且在经济下行周期的一般规律是资产价格挤泡沫完毕之后（主要是股市和房市），才具备了牛市的基础，综合来看，A 股走牛市的基本面基础尚不具备。

**预测 1：2500 点或重创多头，击穿 1949 点才见大底**

本次 1949 点开始的反弹，是建立在 2000 点附近的强支撑基础之上的，这里不仅是整数关口的心理位置，也是从 998 到 6124 的黄金分割点的 0.618 黄金分割位、连接 2319 点、2132 点的长期下降趋势线位置和月 K 线的 200 月线位置，多头在此位置借助多重技术支撑展开反弹在意料之中。

同时，大盘在 1949 点发动的反弹面临着 2160－2260 点附近的压力。连接 325 点、998 点的超长期上升趋势线的压力（目前在 2160 点附近），大盘在 2012 年 8 月初次跌破此线，而今再次回到该线上方；此外，连接 1664 点与 2132 点的长期趋势线目前也运行到了 2260 点附近，这是自 2012 年 7 月跌破此线后大盘首次对此线的回抽。通过下页图我

图5－1　图为上证综指月K线图

们可以看到，大盘目前距离连接3478点、3186点、3067点的长期下降趋势线尚远（约在2600点附近），而连接3067点、2453点的长期下降趋势线（目前在2180点附近），两条重要趋势线的压力与支撑迫使得处于此狭窄区域大盘作出向上或向下突破的选择。

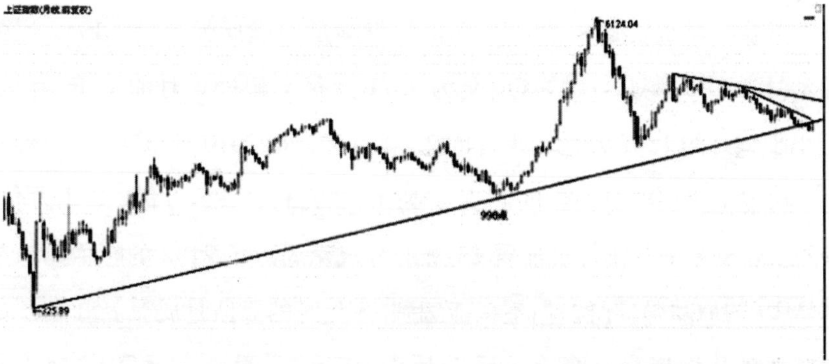


图5－2　图为上证综指月K线压力图

大盘的年线图可以看到，2012年的最高点2478点恰为5年线和10年线的交点附近，用两座大山形容绝不过分。自从2008年熊市一举击穿5年线和10年线后，2009年3478点、2010年3186点、2011年3067点三次反抽5年线，每次掉头向下下跌约900点。2012年2478、2476

第四次触及5年线及10年线掉头向下下跌约500点。2013年最大的悬念是，位于2500点附近的5年线及10年线会不会再度重创多头？

**预测2：上半年1949－2450点波动，下半年先下破才可能上破**

大底大顶是时间、空间和成交量共振的产物，其中时间周期起决定作用。

首先，时间周期。鉴于2012年12月的1949，不在包揽A股所有大底或大顶的83月周期之上，因此绝对不是与998、1664类似的历史大底。而对于1949，也无美元指数重要顶部反向对称。只对应2011年11月81.45阶段顶。因此，1949很可能是与2132类似的中级底部，也不可能是与2319类似的大反弹底部（2319对应88这一2010年6月美元指数重要顶部）。从空间来看，尽管1949反弹超过2132点时的反弹幅度16%，但不可能超过2319点的反弹幅度37%。

其次，从成交量来看，1949反弹仅满足中级反弹条件。1949反弹启动月，2012年12月的月成交为1.71万亿，超过4月的1.46万亿，但小于2月的1.77万亿和3月的2.02万亿，而2010年2319点反弹时月成交量2010年7月至11月分别为1.78万亿、2.5万亿、2.3万亿、3.7万亿和4.6万亿，目前看12月的月成交逼近了2132的峰值月成交和2319的启动月成交，但不可能达到2319时的峰值月成交。

如果从周成交量来看，1949反弹启动一月后，直至2013年1月7－11日沪市周成交第一次突破5000亿达到5059亿，2013年1月14－18日沪市周成交6063亿，略微超过3月16日2476顶周成交5900亿这一2012年周天量。而2010年2319点反弹时则在相对底部维持了8周5000亿以上的成交，因此从周成交来看，1949的反弹要想达到2319反弹的级别，周成交保持5000亿是必要条件。

最后，从日成交量来看，1949 反弹沪市的最大日成交金额为 2013 年2月4日的1525 亿，并未突破2012 年3月14日的1707 亿，更谈不上2319 反弹时三次出现的3000 亿日成交量。1525 亿作为1949 的反弹时330 亿启动地量的近5 倍，很可能成为1949 反弹的日天量。如果，此判断为真，那么，1949 反弹量能与2132 相仿。

综上，我们认为1949 反弹虽然超越了2132 反弹涨幅，但不可能超越2319 的反弹涨幅。而且，鉴于日、周、月成交水平，1949 反弹基本与2132 反弹相当，因此，可以判断，1949 反弹涨幅超越2132 反弹涨幅将极为有限。属于中级反弹范畴。

截止到2013 年2 月18 日的2444 点，1949 反弹最大涨幅25%，2132 反弹幅度16%，因此，本次反弹如果成交量以沪市日成交1525 亿和沪市周成交6000 亿为峰值的话，反弹至2444 点附近就已经到头（当然不排除权重股引导下脉冲式上冲对2444 假突破）。

从大盘近几年波动空间来看，大盘2003 年波动空间为340 点、2004 年为530 点，从2005 年至2012 年的波动空间分别为330 点、1530 点、3580 点、3860 点、1630 点、990 点、930 点和530 点，很明显看出，在2005 年牛市起点之前两年大盘波动空间均在600 点以下，这也与牛市初期市场比较犹豫的共识相符，在2008 年大盘步入熊市之后，每年的波动空间逐年缩小，且2012 年大盘波动也为530 点，而半年波动空间更明显，2011 年上半年400 点，下半年690 点，2012 年上半年290 点，下半年320 点。从空间波动规律来看，大盘似乎还处于继续萎缩的过程。

因此从大盘波动空间来看，2013 年大盘的走势大致分为两种，一是继续延续近年来窄幅震荡的局面，也就是在全年500 点左右的振幅，如果2013 年1949 点为底计算，大盘可能会在1949－2450 点震荡，二是在政策面、成交量等配合下走出全年900点宽幅震荡的行情，如果发生这种情况，很可能是上半年窄幅震荡，下半年宽幅震荡的走势。比如，上半年波动空间维持300点波动空间或继续萎缩，波动空间为2150－2450点，下半年结合基本面、量能变化，选择向上或者向下突破，走出900点的振幅。

**预测3：美元强势反弹，与之负相关的A股下半年或单边下跌**

正如抄底中国系列报道之十五《美元不见顶A股何来大底》中所述，美元指数在2005年至今与A股的负相关非常明显，且美元指数走强已有基本面和技术面的分析作为支撑，强势美元已渐行渐近，而从大国博弈角度来说，强势美元可以针对性的刺破中国发展近10年来积累的泡沫，因此中长期美元指数走强是大概率事件，与之对应A股可能面临长期熊市的局面。

而短期来看，美元指数的走势可能会决定本次大盘反弹的时间和空间。我们看到2012年12月中旬美元指数79关口又一次得到支撑，这也是在2012年10月经过了2次的考验后的第三次，而本次走弱主要原因可能并不单是QE4的原因（因为从QE1到QE4对美元指数的影响越来越弱，K线图可以很明显看出），还有市场对于2013年1月美国财政悬崖能否解决及2－3月美国债务上限能否继续上调的担忧，两者共同导致美元短期走弱。而从目前掌握的信息和专家的分析来看，普遍认为财政悬崖及美国债务违约不会爆发，美两党最终会妥协达成协议来解决，这是大概率事件。

大概率事件也就意味着美元指数维持震荡79－82震荡局面，由于美元指数下跌的空间封杀，即A股1949启动的反弹随时可能见顶。

当然，小概率事件美元指数也有跌破79下探75的可能性，回忆

2011 年 8 月美国债务上限问题解决时，美元指数并未出现趋势性走势，仅在小范围内波动，然后借助美联储推出 OT1 替代 QE3 再度走强，因此债务上限问题方向不明暂且不考虑，如果本次美国债务上限问题解决不顺利、美国评级降级再度出现的话，美元指数也有从目前的 79 下跌到 75 的可能性，如果这样，A 股也可能借此扩大反弹，但反弹空间要考虑上文诸多制约因素。

如果从美元指数的 20 月周期来看，从 2007 年至今美元指数基本维持了 20 个月一个底与底周期的趋势，最近的一个周期开始为 2011 年 8 月，至 2013 年 4 月完成一个周期。换句话说，按最坏情况美元指数还要继续调整至 2013 年 4 月，且美元指数下跌到 75，按照以往美元指数下跌与 A 股上涨的幅度比例，如果以时间最近的一组对比数据即 2012 年初大盘 2132 到 2478 点的反弹（美元指数从 81. 7 下跌至 78. 6）计算，两者比例大概为 4:1，目前美元指数从 81. 5 开始回调下跌到 75 约为 7. 8%，相对应，A 股自 1949 点的反弹按照 4:1 比例约为 2500 点，这是 2013 年上半年 A 股反弹的最乐观估计，当然还需要 A 股本身的成交量和基本面的配合；而 2013 年上半年 A 股反弹的悲观估计，就是美元指数发生大概率事件，维持 79 - 82 的震荡，其下跌空间封杀，相对应，A 股随时可能见顶。

值得一说的是，2013 年 4 月后，美元指数会进入长达 8 个月的反弹，与之对应 A 股下半年持续下跌。

## 第三节　经典实战回顾

2012 年 A 股走势之诡异，几乎超出所有人的预期。多头抓住了一季度反弹，12 月的井喷，而空头则抓住了从 5 月至 11 月的最长下跌。和讯市场观察团队，基本上准确预测了 1—11 月的先反弹后下跌走势，尤其是，2132、2029 反弹抄底，2478、2476、2453 逃中级顶，乃至 2393、2145 逃短期顶。但对于 1949 井喷反弹预测初期存在明显偏差，后期及时预警 2444 重要顶。

以下通过经典战例回顾，介绍我们的分析方法。

**逃顶篇**

熊市反弹中线逃顶关键是首先判断行情性质是弱势反弹、阶段反弹、中级反弹、强势反弹。

弱势反弹：反弹空间不超 10%（或沪综指 200 点）。反弹日天量不超日地量 2.5－3 倍。2010 年 4 月 3067 以来反弹，除 2132 反弹，1949 反弹外，皆为弱势反弹。

中级反弹：反弹空间约 20%，如 2012 年 1 月 2132 反弹，16.2%。2012 年 12 月 1949 反弹，25%。

强势反弹或井喷反弹：反弹空间不少于 30%。如 2010 年 7 月 2319 反弹。反弹，37%。

截止到 2013 年 1 月 22 日，1949 反弹 19.8%，超过 2132 反弹，很可能为强势反弹。

**精准预测 2012 年 2 月 2478 顶部、3 月 2476 顶部**

2012 年两大顶 2478、2476 分别出现于 2012 年 2 月 27 日、3 月 14 日。而判断 2478 为大顶的三篇《第一观察》，分别发表于 3 月 1 日、3 月 8 日、3 月 12 日。这一预测已被验证。

其中第三篇利用神奇的七年周期，作出最独特的预测是，2012 年将复制2005年走势，2478有可能成为2012年最高指数。在夏季有效击穿2132，形成大底后可能走出大行情。基本为市场验证。

现在的问题是，既然神奇的七年周期使2012年基本复制了2005年，那么2013年能否复制2006年？

其一，2013年全年复制2006年无可能。2006年指数翻番行情的前提是，此前2005年6月998已形成历史大底，998满足大底两大条件：一是2005年6月处于包括所有大顶大底的83月周期上；二是与美元指数大顶（2005年6月90.58）反向对称。而1949既不在83月周期上，也未与美元指数大顶反向对称，只是与美元指数阶段顶（2012年11月81.45）反向对称，故1949仅为类似2132阶段底或类似2319中级底。

其二，2013年下半年可能复制2006年下半年单边上行。鉴于2013年翻番井喷行情，主要是下半年甚至四季度完成，那么只要2013年上半年冲高回落，在2013年83月周期时间之窗（5月正负两个月内）完成1949二次探底形成大底，下半年有单边上行可能。

其三，2013年下半年可能复制1992年、1999年下半年单边下行。如果在2013年83月周期时间之窗（5月正负两个月内）形成大顶，2013年下半年可能单边下行。

《神奇数字等3信号预示2478或为中级顶部》

【第一观察（4）】http://stock.hexun.com/2012-03-01/138843861.html

《2478中级顶部基本确认》

【第一观察（5）】http://stock.hexun.com/2012-03-08/139081700.html

《2478或不可逾越再现2005年走势》

【第一观察（6）】http://stockhexun. com/2012 - 03 - 12/139226858. html

**更多精彩预测请见和讯网：**

精准预测 2012 年 5 月 2453 顶部

《敏感时空降临 A 股或现黑 5 月》

【议市厅第 25 期】http://stock. hexun. com/2012/yst2012042725/index. html

**中线抄底篇**

在熊市长期调整中，忍住盘中反弹诱惑，捕捉波段反弹机会，是弱市实现资金保值增值的关键。2012 年，我们第一时间精准提示 2132、2032 波段反弹机会。但对于 1949 井喷反弹预测存在明显偏差。

1. 抄阶段底 2132

2012 年 1 月 6 日 A 股见 2132 近三年低点，2132 距 2011 年 4 月的全年高点 3067 下跌近 1000 点，距 11 月的四季度高点 2536 下跌 400 点。在市场极度低迷一片看空中，当天晚上在网上发布的和讯议市厅第十一期，开篇即表示：和讯市场观察团队认为，2300 点破位以来个股大面积持续杀跌或将告一段落，节前 2132 上下将启动一轮与 2610 反弹、2307 反弹级别相当的弱势反弹，鉴于节后大级别下跌调整仍将继续，年内低点很可能要到二季度。因此，弱势反弹对大多数个股仍为减仓良机。

这篇堪称经典的短中期预测，对 2132 作为弱势反弹底的预测，既不同于当时短线看空跌破 2000 的主流观点，也不同于后来忽悠了无数人李大霄的钻石底。

此外，这篇经典预测运用的判断 2132 阶段底部特征，比如地量地价、下跌时空的相似、市场出现大盘股拒绝下跌、小盘股强势股补跌至重要支撑。最新宏观数据改变市场对宏观经济悲观预期，对以后判断阶段底部也可参考。此外，2132阶段底部级别较高，与其对应2012年1月美元指数出现阶段顶81.78有关。有关美元指数与A股长期负相关的内容见第二章第二节。

《节前反弹减仓谨防节后暴跌》

【议市厅第11期】http://stock.hexun.com/2012/hxyst11/index.html

2. 抄短期底2032，逃短期顶2145

2012年8月30日A股见2032三年低点，2032距2012年2月的全年高点2478下跌446点，距年初钻石底2132下跌100点，在市场极度低迷一片看空中，8月31日晚上在网上发布的和讯议市厅第43期，开篇即表示：鉴于上证指数2004年8月以来首次出现月线四连阴，以及连续17周的最长下跌周期，2032点附近将启动一轮反弹，反弹幅度5%-10%，时间短则两周，长不过一个月，建议投资者抓住这一难得的机会减仓。

市场走势，2012年9月5日2029阶段底，启动弱势反弹，9月7日2145，反弹幅度5.7%，9月17日长阴破2100结束反弹，9月26日创新低1999。符合上文反弹幅度5%-10%，时间短则两周的预测。

2012年9月抄2032阶段底主要以趋势线分析为依据。

上证季K线图上，2006年以来第一次下破的60季均线（当时在2076附近），理应在此线附近展开反弹。

上证月K线图上，第一次触及连接2319点、2132点的下降趋势线（当时在2050点附近），理应在此线附近展开反弹。

从2242点为颈线，以2478点、2453点为顶的M头来看，大盘跌到2032点位也已经完成了M头颈线破位量度跌幅。

《最长下跌暂停多头绝地反击》

【议市厅43】http：//stock. hexun. com/2012/yst4223/index. html

2012年9月7日大涨3.7%，收盘2127，和讯议市厅44期提示2029反弹，属天量井喷反弹短命行情，建议下周逢高减仓。次周未突破9月7日2145点一路下跌至1999才见底。

《以下为政策扑朔迷离天量长阳堪忧》

【议市厅44】http：//stock. hexun. com/2012/yst44/index. html

3. 1949井喷反弹的预测失误

1949井喷反弹预测的失误，源于行情本身的特殊性。这是一种多年罕见的井喷行情，但其涨幅又远低于历史上的井喷行情，只相当于中级反弹的涨幅。

进入2012年12月，和讯议市厅、第一观察对市场方向判断一度连续出现明显偏差。受持续一年以看空为主的成功经验及思维惯性影响，首先把1949反弹的12月5日启动长阳当作9月7日单日长阳的弱势反弹重演，继而把1949反弹限制在与2132中级反弹类似级别，然而，截止到2013年2月18日1945－2444，1949反弹涨幅25%、495点，均超2132－2478，反弹幅度16.2%、346点，应参照井喷反弹级别考虑。之所以未尽早把1949反弹列入井喷反弹研究，一方面是因为历史上井喷反弹，要么符合83月周期大底对应（比如1994年325反弹，1999年1047反弹），要么与美元指数大顶反向对应（比如2010年2319反弹）。而1949反弹这两个条件无一具备。另一方面，过于纠结于弱势反弹量价的作用（沪市单日1000亿见顶），以及美元指数、83月周期对预测大级别反弹与牛市大底的作用，而对介于二者之间的2319井喷反弹缺乏研究。尽管如此，我们坚持1949反弹既不具备牛市反转条件，也不具备大级别反弹条件，但要抓住阶段性井喷行情的机会。我们可以允许自已犯战术错误，但绝不允许自己犯战略错误。

值得庆幸的是，我们对2013年2月2444中级顶、2013年3月2350阶段顶都作出及时预警或警告，帮助投资者控制在超预期利空打压下的超预期调整风险。

比如：［议市厅63期］蛇年利空超预期　银行还能牛多久

http://stock.hexun.com/2013/yst63/index.html

［议市厅64期］2444神奇凶兆　超预期下跌开始

http://stock.hexun.com/2013/yst64/index.html

［议市厅65期］五大风险汇聚三月　2350只卖不买

http://stock.hexun.com/2013/yst65/index.html

**短线实战篇**

短线实战预测难度最大，作为一周一次的和讯议市厅尝试作下周走势预测。第一观察则力求对市场重大异动及时出击，短线见顶提示止盈止损。

1. 规避2012年3月14日2476见顶后的3月下旬急跌

2012年3月20日收盘2376，提示减仓规避短线急跌。3月29日最低2242。

《江恩理论揭示变盘窗口月底前清仓观望》

【第一观察（8）】http://stock.hexun.com/2012-03-20/139525473.html

2. 2453见顶后两次提示逃顶

2012年5月4日2453，5月8日收盘2448。当日提示期指主力合约净空大增1100手，主力大规模多翻空，5月10日收盘2410。当日提示短线反弹或为最后逃命机会，此后持续下跌至2309才反弹。

3. 提示2393（2012年6月1日）、2145（2012年9月7日）两次短线逃顶

2012年5月29日提示2309反弹，将在2400附近见顶，6月1日见顶2393后一路下跌。

《反弹或于近日结束2400难以突破》

【第一观察（20）】http://stock. hexun. com/2012－05－29/141895982. html

2012年10月12日收盘2104，提示9月7日高点2145难越，次周市场见2138后一路下跌。

《反弹随时夭折2145只卖不买》

【议市厅47】http：//stock. hexun. com/2012/hxyst23079/index. html

**板块个股篇**

熊市中捕捉强势板块个股，尤其是反弹中领涨板块龙头股，是短线及波段套利良机。熊市中善于淘汰弱势板块个股，尤其是下跌中领跌板块，是控制短线及波段风险的重要手段。

发掘领涨板块及龙头股：

1. 三特征发掘反弹领涨板块

其一，发掘题材新颖未炒过、股价具想象空间。

如2011年10月－11月2307反弹领涨板块文化传媒板块、2012年1月2132反弹领涨板块券商板块，2012年3月2242反弹领涨板块金融创新板块、1949反弹领涨板块水泥板块，由于符合这些条件，领涨板块龙头股涨幅均达一至两倍。

其二，发掘题材意义重大，主要指新出台的相关政策对龙头企业构成实质利好。比如稀土行业出口限制与行业整合对2132反弹领涨板块

有色金属的龙头包钢稀土形成实质利好，尽管有色金属板块炒作仅仅是因为超跌及历次反弹皆有出色表现的市场号召力，缺乏股价想象空间，但包钢稀土靠政策构成对企业实质利好取得短时间翻番涨幅。

最后，发掘领跌板块变为领涨板块、弱势板块变为强势板块的机会，比如房地产板块、银行板块。房地产板块是 2009 年 3478 - 2012 年 2132 领跌板块，地产指数（000006）6184 - 2623 跌 57.8%，同期上证指数仅跌 38%。而 2012 年地产指数 1 月止跌，领涨大盘，全年涨幅超 40%，同期大盘指数持平。

银行板块是市场的大熊股板块，尽管上证指数 2012 年最低仅下探至 1949，距 2008 年低点 1664 尚远，然而 2012 年银行板块则整体上跌破 1664 时价位。在长线严重超跌的背景下，2012 年 12 月银行板块借两大政策利好拔地而起，2012 年 12 月大部分个股涨幅超 30%，远超同期大盘指数 10% 的涨幅。

《推动银行股暴涨的免死金牌》

http：//stock. hexun. com/2012 - 12 - 14/149073221. html

2. *发掘反弹龙头股*

游资炒作龙头股特征：先于大盘止跌先于同板块其余个股启动、连续涨停、短时间股价翻番甚至翻两番。

2011 年 10 月 - 11 月 2307 反弹领涨板块文化传媒龙头股天舟文化、2012 年 3 月 2242 反弹领涨板块金融创新龙头股浙江东日、2012 年 12 月 1949 反弹领涨板块水泥龙头股秦岭水泥，均符合这一特征。

知名游资（光大证券宁波解放路、五矿金田路营业部、光大金田路营业部、财通证券温岭东辉北路、招商证券深圳益田路）介入。

《金杯汽车 140% 涨幅揭黑马五大秘籍》

【第一观察（36）】http://stock. hexun. com/2012 - 10 - 25/

147205156. html

机构炒作龙头股特征：先于同板块其余个股启动、上升通道拉升、独立于大盘。

2012 年 1 月 2132 券商板块龙头股国海证券、2012 年 1949 银行龙头股民生银行，均符合这一特征。

发布日 2012 年 12 月 20 日民生银行最低价 7. 34 元，截止到 2013 年 1 月 21 日收盘价 9. 01 元。

《民生银行暴涨背后的利润隐瞒与控股权之争》

http：//stock. hexun. com/2012 – 12 – 20/149256108. html

3. 规避弱势板块及大熊股的风险

熊市中善于淘汰弱势板块个股，尤其要注意下跌中领跌板块以及领涨板块变为领跌板块、强势板块变为弱势板块，是控制短线及波段风险的重要手段。

弱势反弹领涨板块，一旦反弹结束就可能成为领跌板块。比如 2307 反弹领涨板块文化传媒龙头股天舟文化，反弹结束后从 2011 年 12 月的 31 元跌到 2012 年 12 月的 8. 59 元，跌幅 72% 。

发布日 2012 年 4 月 18 日金融创新龙头股浙江东日最低价 12. 03 元，2012 年 4 月 18 日至年底最高 17. 41 元，最低 6. 55 元。

《领军主力隐身，金改股进高位派发期》

【第一观察（13）】http://stock. hexun. com/2012 – 04 – 18/140530409. html